道幸哲也
Tetsunari doko

ワークルールの論点
Issue of Labor Law
About workplace, work and me

職場・仕事・私をめぐって

旬報社

はじめに

本書の問題意識と考察の視点をまず初めに述べておきたい。

1　なぜ書いたか

　最近、「働き方改革」が安倍内閣の重要な課題とされ、労働サイドの反対を押し切り2018年に立法化が実現した。今後その施行による具体化が図られるが、周到な議論がなされていないので多くの疑問点が残されたままである。それでも、政治的な動きとは別に実際に働き方の見直しもなされてきており、労使で多様な働き方が志向されている。社会的インパクトが大きかったことについては一定の評価が可能である。

　近時の潮流としては、人事管理は年功制から職能資格制度さらには成果主義制度へと、個人の能力・成果に着目する仕組みに変化し、労働時間管理についてもその個別化・柔軟化が図られている。その結果、労働関係が個別化し、個々の労働者の自己責任や能力が重視されるようになってきている。日本労働法学会でさえ労務管理上のニーズをふまえ正面からローパフォマー（勤務成績不良者）の労働問題を取り上げるほどである（特集「雇用社会の変容と労働契約終了の法理」日本労働法学会誌131号〈2018年〉）。時代は大きく変わっている。

　労働法が対象とする法的紛争についても、多様な形態の紛争が新たに生じている。ハラスメントや契約上の意思解釈の真意性をめぐる問題である。これらの争いについては、職場内で自主的に早期に解決することが難しくなっている。組合の影響力の低下や同僚者のあいだの連携が希薄になっており、さらにハラスメント事案など上司が紛争の当事者となるケースについては上司の役割に期待できなくなっているためでもある。その結果、職場での対立が容易に紛争化して、多くの斡旋機関、労働審判、裁判等の外部機関による解決が求められている。最終的には権利・

義務の法的な争いとして処理されるわけである。それしかないといえる。

　以上のような状況から、働く（働き続ける）ためには、個々人がワークルールに関する正確な知識をもつことが不可欠になっている。労働者だけではなく、労働時間やハラスメント紛争はそれぞれの職場で日常的に生じているので使用者サイドにとっても同様である。人事や労務の担当部局だけでは適切な対応が難しくなっており、上司的な立場の者（中間管理職）にとっても仕事の遂行上のワークルールは不可欠な「業務知識」といえる。

　このワークルールについては、近時その教育の重要性が指摘され、多様な実践例もある（特集「労働教育の現状と課題」法政大学大原社会問題研究所編『日本労働年鑑第88集』旬報社、2018年、38頁）。さらに、ワークルール教育推進法の立法化の動きがあり、社会的な認知は広まっている。マスコミのレベルではそれほど重要視されていないが。

　もっとも、ワークルール教育の意義や具体的な教育方法についての議論はそれほど深まっていない。今までの議論は主に生徒・学生を対象にしていたので、学校教育を念頭に置いた議論になりがちであった。ただ教育の仕方については、講義プラス暗記力中心からアクティブラーニングへの大きな転換期にある。ワークルールについても「主体的、対話的、深い学び」の実現は要請されるが、必ずしも容易ではない（小針誠『アクティブラーニング』講談社現代新書、2018年。アクティブラーニングの問題点については、206頁以下）。学校的世界が問題関心をもつという主体性に欠け、対立構造の中で緊張をもって議論する文化がないのでなかなか「深い学び」にまでは到達しえないからである。職場においてはより絶望的な状況である。

　ワークルール教育は、ちゃんとした大人（「ちゃんとした」「大人」の意味は問題であるが）を対象としたレベルまでは想定していなかったと思われる。大人については通常の労働法の教科書で十分とされていたからかもしれない。では、労働法の教科書が実際に使い勝手のいいものになっているか、またそれによってワークルールを適切に自分のものにできるか。

教科書は労働法の全領域をカバーし、基本的な法概念や裁判例をフォローすることが期待されている。大学での4単位（もしくは2単位、8単位）の講義用であり、一定のレベルを維持するためにはどうしても大部のものになりがちである。規定の解釈や主要な裁判例の解説も必要である。ロースクールレベルでなければ（であっても）これを読み理解することは困難である。より簡易な教科書となると、実際の内容はレジメ的になる。講義がそれなりに分かるためには法学や労使関係の基礎知識とともに専門家の適切な教示や説明が不可欠である。

　いずれにしても、リアルな職場認識を前提として労働法を適切に理解することは難しい。法理レベルの議論とともにどのような経緯から紛争が生じ、労使の利害がどう対立しているか、それをどう処理すべきか、また法はどのような役割を発揮しうるか、もしくはしえないかまでの理解も難しい。教科書はそんなものだとあきらめていたから許された事態である。教師の力量、受講者の問題関心・能力さらに人数、時間的制約等からもやむをえない側面もある。

2　どのように書いたか

　本書は、リアルな職場認識（私自身の認識がどの程度かの問題は残る。それでも、50年近くの研究・教育、30年以上の労働委員会や最低賃金審議会の公益委員、10年以上のNPOの運営の経験があり、多くの紛争に直面してきた）を前提として、ワークルールをどう考えるべきかを社会人を念頭に検討するものである。とはいえ、随所に専門的な議論が出てくるが、これは職業病なので大目にみてほしい。ともかく、次のことに留意して叙述している。

　その1は、主要な裁判例を素材にした。ワークルールを適切に知るには、具体的な紛争事例を取り上げることは有用であり、それしかないといえる。法の役割や意義は具体的な紛争に直面して始めて理解しうるからである。たとえば、「あの人はいい人だ」と言われるよりもその人の具体的エピソードを知るほうがずっと人間理解が深まるようなものだ。

たとえば、「解雇の正当事由」について考える場合、「解雇」や「正当事由」の概念を抽象的に議論してもよく分からない。ことばの学習ではないのだから。多様な具体的なケースにおいて、労使がどのような主張をし、それに反論をしたか、裁判所はどう判断したかを知らなければ到底理解できない。それぞれのケースは、原告・被告にとってひとつの物語、ドラマに他ならず、そのような心構え・センスを身につけると事案に対する理解が深まり労働法はずっとおもしろくなる。職場実態の認識、紛争メカニズムの理解、人間観察が要求される世界である。
　その2は、叙述の仕方も個別の裁判例の解説だけではなく、どのような紛争なのか、労使の利害がどう対立し、どのような筋での解決が求められるかにも着目した。適切な紛争処理とは何かという観点から裁判例を位置づけ、最高裁判例を含めて裁判例を相対化するという方法をとっている。法学部的な発想は、裁判例や法理から社会をみる傾向にあるが、実際の社会は法理が予定しているようにはできていないからである。当然と言えば当然である。
　たとえば、労働者からの「辞める」という意思表示は法的には「合意解約」か「辞職」のそれとされる。講義的にはそうなる。しかし、当事者の意思は必ずしも明確でない場合が多く、辞める意思に「合意解約」と「辞職」の2つのパターンがあることを知らないのが普通である。また、「辞める」と言っても、法的な効果を期待せずただなんとなく「独り言」を言ったのかもしれない。居酒屋で飲んだ勢いで上司に「こんな会社辞めてやる」と言っても法的効果は認められないわけである（この点は本書175頁参照）。
　その3は、法的な解決の限界にもそれなりに目配りをした。特定の紛争がはたして「法的な」紛争なのか、裁判所が関与する意義は何か、それでうまく「解決」するのかの論点に他ならない。法学的な発想から自由になると見えてくる状況であるが、この点に気づくことは案外容易ではない。優秀な法律家ほど自信があるので案外そうである。
　実際にも、ハラスメント関連の人間関係紛争の事案についてとくに問題となる。たとえば、近時パワハラ対策についての講演会が盛んである

が、どのような行為がパワハラに当たるかを法理レベルで説明しただけではそれほど意味がない。どうしたら部下が働くか、問題のある部下をどう指導するかという実務的な課題と関連づけての議論が不可欠である。こうなると判例解説だけではすまず突然難しくなる。

　その4は、想定している読者層は、学生よりも社会人、働く（働こうとしている）大人であり、必ずしも法的な知識があることを前提としていない。知識があることは好ましいことは言うまでもないが、ワークルールを自分のものとして知るためにはアルバイトを含め実際の労働経験は決定的である。たとえば、実際の年休の取得率は約半分であり、なかなか向上しない。その理由を講義で学生に質問してもその原因はよく分からないことが多い。実際に働いた人にとっては、同僚に迷惑がかかる、結局自分にしわ寄せがくる、休んでも仕事がスムーズに回るくらいならば自分の存在感は希薄になるなど、それなりに分かりやすい問題である。

　社会的経験といえば、家族法のケースで有責配偶者の離婚請求は認められるべきかについて議論したときに、学生はそんなことは認められないという模範解答をしていた。ところが、中年の男性管理職研修では、本人だけでもなく相手方にもなんらかの問題があったのでは、相手方はなぜ離婚をしようとしないのか、意地でそうしているだけではないかという反応も示された。経験の差は決定的である。その点では、法学は青年ではなく成年（大人）、一人前の社会人の学問といえる。

　雑談ついでにいえば、この「社会人」という表現については、疑問に思ったことがある。大学教師のリクルートの際に、役所出身や実務家教員の枠について、「社会人教授」と表示することが多い。では、純粋培養（？）のわれわれは、「社会人」ではないのか。大学はそもそも社会ではないのか、では会社は社会か……、疑問はつきない。

　その5は、論じているテーマは、日常的によく問題となる、それも最近の紛争を対象にしている。一応全体のバランスを考慮しているが、労働組合法上の論点はもっとも基本的なものだけを取り上げた。労働組合やそこまでいかない職場集団の役割は見えにくくなっているが、紛争を適切に解決するためには今後とも重要であることは指摘しておきたい。

個々の労働者がワークルールを自分のものとして活用するためには組合の支援等が有用であるからである。同時に、組合の今後の在り方を考えるためでもある。なお、私の問題関心は一貫して労働組合法にあり、労働関係の個別化にともなう組合の役割にも興味があるが、それは別書『労働組合法の応用と課題——労働関係の個別化と労働組合の新たな役割』（日本評論社、2019年）で詳しく検討しているのでそれを参考にしてほしい。

他方、以上のようなアプローチによると見えてこない部分もあり、本書の限界といえる。その点についてもあらかじめふれておきたい。

その1は、体系性に欠ける。法は一定のシステムなので、全体像が分からなければ正確な知識を獲得できない。労働法全般については、定評のある労働法のテキストがあるのでそれを参照されたい。もっとも、私なりに労働法の全体像や基本的な概念がおぼろげながらでも分かるように工夫はしたつもりである。

その2は、判例法理の通説的（何が、通説、多数説、少数説さらに有力説かは人によって違う。政治的プロパガンダと類似の機能を果たすからやっかいな問題である）理解を中心に叙述しているわけではない。通説的解説に問題がある、もしくはそれほど問題がないが違う側面もあると考えるからである。

この通説信仰は、ロースクール化によって強力に促進されている。司法試験の受験戦略として最高裁判例を「正確に（通説に従って）」理解する必要性が増したからである。最高裁判例については、実務上その問題点や課題ではなく、どうしたらその法理を矛盾なく説明しうるかのスキルが目指される。それ自体は重要な資質であるが、その結果、最新の注目すべき一部の下級審裁判例を除き、下級審裁判例に対する留意や興味が示されなくなっている。さらに「通説」信仰は別として学説上の議論に対する興味のなさは決定的である。この傾向は、実務家だけではなく研究者についてもみられる。まさに、最判中心の「閉じた体系内での法的論理の精緻化への関心が顕著であり、学ぶ者の保守化をもたらす」（内田貴「日本法学の閉塞感の制度的、思想的、歴史的要因の分析」曽根威彦

＝楜澤能生編『法実務、法理論、基礎法学の再定位』日本評論社、2009年、156頁）世界である。

　本書は司法試験の答案作成を目的としていないので、通説の解説よりは通説の論理を含めある紛争をどう解決すべきかの筋を検討するものである。（とりあえず）分かったこととともに（やっぱり）分からないことをも対象とする。

　この"分からないこと"については、ロースクールの講義をしてショックを受けたことがある。就業規則の不利益変更をめぐる最高裁の判例法理についてはよく分からないことが多いといったところ、講義後に学生から「分からないといわないでくれ」とのクレームがきた。では、どうしたらいいかと聞いたところ、「分かるように教えるように」という説得力のある回答がなされた。確かに、司法試験の答案には分からないとは書けないので当然の要請であり、反論の余地がない。せいぜい、どこが、なぜ分からないのかはそれなりに解説ができるが、それでは正解答案を希求する受験生のけなげなニーズには合致しない。正直言って悩むところであり、どう答えたらいいかはやっぱりよく分からない。

　本書は、やや大げさに言えばこの通説信仰、正解信仰から自由になることも目的としている。もっとも、司法試験の受験者が読むことを排除するものではないが。いろいろなタイプの労働法を知るほうが多様な紛争に対する実践的対応力を身につけることができる。

ワークルールの論点●目次

はじめに──3
  1　なぜ書いたか　3
  2　どのように書いたか　5

第1章　法的な発想と身近な世界──17
  1　紛争状態をどうみるか　18
  2　わが国の紛争観　19
  3　ワークルールを学ぶ意義　22

第2章　労働者でなければ私はなに──25
  1　どんな働き方があるか　25
  2　労働者に関する法律上の定義　27
  3　なぜ、どのような形で争われているか　29
  4　裁判例の傾向は　30
  5　どのように考えるべきか　32

第3章　労働条件はどう決まっているか──35
  1　多様な労働関係立法　35
  2　基礎となる労働契約　37
  3　実際には就業規則による　38
  4　労働協約の力　42
  5　全体の関連はどうなっているか　43

第4章　よく分からない就業規則法制──45
  1　就業規則の不利益変更　45
  2　合理性の判断基準　48
  3　周知をめぐる課題　50
    1）関連規定と裁判例　50
    2）どう考えるべきか　54
  4　就業規則法制の限界　56

第5章　採用時の駆け引き ―――――――――――――― 61

1　採用過程の法律問題　62
　1）採用の自由　62
　2）労働契約の成立　63
　3）内定の取消事由　64
　4）契約内容の明示・特定　65
　5）変る試用期間の意味　66
2　人を見抜く難しさ――三菱樹脂事件の提起するもの　67
　1）三菱樹脂事件とは　67
　2）最高裁判断への疑問　71

第6章　業務命令権は絶対か ――――――――――――― 75

1　労働契約上の主要な権利義務　75
　1）労働者の権利　76
　2）労働者の義務　77
2　業務命令権の多様な構造　77
　1）業務命令権を問題にする視角　78
　2）業務命令権を制約する法理　79
　3）不可能を強いる職務専念義務　80
　4）業務遂行上のミスは私のせい　82
3　流動化する配転法理　84

第7章　人間関係の難しさ――パワハラの法律問題 ――――― 89

1　パワハラに関する報告書　89
2　裁判例から見たパワハラ類型　93
　1）暴行　94
　2）暴言・叱責　95
　3）揶揄、いびり　95
　4）私生活への干渉　95
　5）孤立化　95
　6）理不尽な業務命令　96
　7）パワハラ概念の拡がり　96
3　教育・指導との関連　96

1）教育・指導に反抗したことを理由とする処分・解雇　97
　　2）教育・指導の際のパワハラ　98
　4　ハラスメント紛争の特徴　100
　5　ハラスメント事案の紛争回避策　102

第8章　最後の切り札は懲戒権 ─── 105
　1　懲戒権の根拠　105
　2　懲戒権行使をめぐるルール　107
　3　懲戒事由　112
　　1）円滑な労務提供　113
　　2）適正な労務管理体制──経歴詐称　114
　　3）就労環境の保護　115
　　4）会社との信頼関係　116
　　5）対社会的な名誉・信用　117
　4　よく分からない懲戒権法理　119

第9章　仮眠も労働時間 ─── 123
　1　労働時間規制の原理　123
　2　複雑な労働時間規制　125
　3　労働時間とは　127
　　1）労基法上の算定規定　129
　　2）裁判例はどうなっているか　130
　　3）注目すべき行政解釈　133
　4　分かりにくくなっている労働時間概念　134

第10章　ケガや病気は自分のせい ─── 137
　1　労災補償制度とは　137
　2　業務上か業務外か　139
　3　安全配慮義務とは　140
　4　過労死・過労自殺　144
　　1）過労死　144
　　2）過労自殺　147
　5　通勤災害制度　148

6　私傷病をめぐる問題　149
　　1）病気を理由とする雇用関係の解消　149
　　2）病気休職制度とは　151

第11章　解雇の作法　155
1　契約関係解消（雇用終了）の基本的パターン　155
2　解雇規制のアウトライン　157
3　解雇過程をめぐる問題　158
　　1）解雇過程　158
　　2）解雇告知をめぐる法理　160
4　解雇の争い方　162
5　普通解雇の理由　163
6　整理解雇　166
　　1）雇用調整の必要性　167
　　2）解雇回避努力　168
　　3）指名解雇の必要性　169
　　4）解雇基準およびその当てはめの相当性　169

第12章　多様な辞めさせ方――退職・有期雇用の法理　171
1　退職に関する問題　171
　　1）退職か解雇か　171
　　2）退職の自由と強要　172
　　3）辞職と合意解約　174
　　4）合意解約等の無効、取消　176
2　有期雇用の問題　178
　　1）更新拒否に関する判例法理の形成・展開　179
　　2）労働契約法の改正　183
　　3）更新拒否法理の新たな問題　184
　　4）労契法20条――差別是正の難しさ　186

第13章　どうしたら権利を実現できるか　191
1　ワークルール教育がなぜ必要になってきたか　191
2　権利実現の仕組み　193

3　労働相談の仕方を知る　196
      1）日々の生活での努力　196
      2）一緒に行動する　197
      3）相談の仕方　199
      4）企業外での解決機関に頼る　200
      5）斡旋する立場からの感想　201

第14章　やっぱり集団法 ─────────── 203
    1　個別紛争処理の集団（法）的視点　204
    2　集団的労使紛争処理システムからみた労組法の課題　208
      1）組合の結成・運営　208
      2）交渉過程　210
      3）交渉結果　212
      4）全般的課題　213
    3　働き方改革と集団的労働法　214

本書で使われる法令等の略称

〔法律・政令・省令〕

育介法：育児休業、介護休業等育児又は家族介護を行う労働者の福祉に関する法律（育児介護休業法）

均等法：雇用の分野における男女の均等な機会及び待遇の確保等に関する法律（男女雇用機会均等法）

高年法：高年齢者等の雇用の安定等に関する法律（高年齢者雇用安定法）

雇保法：雇用保険法

最賃法：最低賃金法

職安法：職業安定法

パート有期法：短時間労働者及び有期雇用労働者の雇用管理の改善等に関する法律（パート有期雇用労働法）

賃確法：賃金の支払の確保等に関する法律

派遣法：労働者派遣事業の適正な運営の確保及び派遣労働者の保護等に関する法律（労働者派遣法）

安衛法：労働安全衛生法

労基法：労働基準法

労契法：労働契約法

労災法：労働者災害補償保険法（労災保険法）

労組法：労働組合法

労調法：労働関係調整法

〔行政通知等〕

基発：労働基準局長通達

本書で使われる判例・判例集の略称

〔判例〕

最大判（決）：最高裁判所大法廷判決（決定）

最○小判（決）：最高裁判所第○小法廷判決（決定）

高判（決）：高等裁判所判決（決定）

地判（決）：地方裁判所判決（決定）

〔判例集〕

民集：最高裁判所民事判例集

労民集：労働関係民事裁判例集

第 1 章

法的な発想と身近な世界

　職場での紛争は、法的なものであっても人間関係的な色彩があり、上司からのハラスメント事案がその典型である。当事者の話し合いや職場での自主解決がなされることが好ましいが、それができなければ最終的には「権利・義務の観点から解決する」、というより、「そうせざるをえない」。このような法的な処理は職場の和や人間関係を破壊するおそれがあり、これは、職場における紛争全般についてもそういえる。

　では、紛争をなぜ権利・義務で解決する必要があるのか。ここでは、ワークルールを知るための前提として法的な世界や見方の特徴を考えてみたい。具体的には、なぜ、社会において対立が生じるのか、法律は人間や社会さらに争いをどのようにみているか、また、裁判による解決の意義や特徴は何かの問題である。同時に、ワークルールを学ぶ意義についてもふれておきたい。

　まず、法律はどんな時に必要とされるかを考えよう。会社経営が順調な時や夫婦関係がうまくいっている場合にはあまり問題にならない。近隣紛争、リストラ、離婚という紛争状態になると俄然問題となる。それでも、当事者間で話がつけばそれなりに解決される。自主的な話し合いにおいても権利・義務が問題になるが、それが全面的に持ち出されるのは、自主的に解決できなかった場合である。この紛争の解決基準が法律に他ならず、困った時の「法律頼み」といえる。法律だけの問題ではなく、困った時こそ人間の資質が問われることになる。

1　紛争状態をどうみるか

　「紛争」状態をどうみるか。たとえば、紛争を自然なものとみるか異常なこととととらえるか、またどのような手段や基準で紛争を解決すべきかの考え方は、文化や国によって、さらに時代によって大きく異なる。わが国では、近代法を築いたヨーロッパやアメリカで形成された紛争観とは異なった考え方が一般的といわれる。これが法律や裁判、法律家が身近なものにならず、権利・義務での解決がどうもしっくりこない原因のひとつとなっている。

　では、欧米型の紛争（観）とは何か。その解明のために、近代社会の思想史、政治史の知識を総動員して、近代民主主義社会の基本原理までさかのぼる必要がある。それでも高校（中学校でも）の社会の知識があれば十分である。まさにインテリといえる。

　それは端的に自由、平等な「個人」がそれぞれの「利益（エゴ、この言葉は「利己」と「自我」と2つの使い分けができる。ともかく日本語に訳しにくい言葉である）」を追求しながら社会を自主的に形作るという発想である（この「自我」と「自己」との関係については河合隼雄『無意識の構造（改版）』中公新書、2017年、165頁が興味深い議論をしている）。

　この民主主義の基盤は、個人のエゴであり、エゴのぶつかりあいとその調整が社会統合の原理とされる。資本主義経済の中核たる「契約の自由」もエゴの実現・調整原理といえる。中世社会が崩壊し、神も封建領主もいなくなった社会は、まさに「万人の万人に対する戦い」（ホッブス）の場にほかならないからである。

　多様な個人がそれぞれ自分の利益をあくまで追求して社会を形成することになると、利益の対立、つまり紛争が生じるのは当然である。ここに、紛争を社会にとって自然なものとみなす欧米型の紛争観が生じる。紛争はまさに社会の生理現象といえる。そして法は、紛争を解決するための社会的かつ合理的な基準、つまり権利・義務の体系として形成された。同時に、法律内容の合理性を担保するための手続的保障として民主

主義、多数決原理が主張された。この多数決原理も、賛成した者の数で決定する点において個人のエゴの統合・調整原理に他ならない。同時に、多数決原理の前提となり、それでは奪えないものとしてエゴの基盤としての基本的人権が想定された。

この個人のエゴという発想はリアルな人間観察に基づいている。明るい夢のある視点ではないが、リアルなだけに社会関係を形成するための無難な立ち位置といえる。西欧市民社会の体幹の強さである。突然話は大きくなるが、この点に留意しなかったこと、つまりリーダーのエゴをみすえ、それを統御する強力な制度的仕組みを作らなかったことが、社会主義や共産主義国家が崩壊した理由のひとつと思われる。イデオロギーとエゴは案外仲良しである。

2　わが国の紛争観

わが国では「私」や「自分らしさ」が重視されるようになっている。「絶対的に自己自身である権利」という見解まである（宇野重規『〈私〉時代のデモクラシー』岩波新書、2010年、60頁）。

自己顕示欲は旺盛であるが、リアルな人間関係では目立つこと、対立した緊張関係に立つことを嫌う。全体としては、多様な個人が社会を作るという発想は希薄である。実際にも協調性や和が重視され、横並び意識は確固としており、若い世代ほどその傾向が強いともいえる。ミーイズムはあるが強い個人主義とは縁遠い。社会関係も多様な個人からは出発しない。

次に、エゴとなると、実際はエゴイスト（利己主義者）が多い割には、利己的であることに対する建前上の批判は強い。また、エゴ（自我）は、本来自分らしさや自分の生活を死守するための発想であるが、現在では自分を出さないことが重視される。自分らしさを保持するために自分を出さないという逆転した戦略といえる。これでは自己イメージ（自己肯定感）が形成されない。

全体として、自分と違う生き方や考え方に対する寛容さに欠け、多様

な個人がそれぞれの利益を追求するという社会イメージは希薄である。寛容さがあらわれることもあるが、無関心ゆえであることが多い。また、争いを自然なこととみなす余裕もない。利益を飽くまでも追求する人は自己中心とみなされ、非難、排除の対象となりがちである。

　裁判においても、このような傾向を正面から是認する例がある。淀川海運事件では、権利主張（時間外労働に対する割増賃金請求）する労働者に対する同僚の反感を理由とする整理解雇「基準」の相当性が争われた。東京高判（平成 25.4.25 労働経済判例速報 2177 号 16 頁）は次のように説示し整理解雇を有効とした。

　「再建途上のＹにおいて、企業の存続と雇用の継続を第一に考えるＹの他の従業員らが、Ｘについて自己中心的で協調性に欠ける人物として受け止めるにとどまらず、嫌悪感を抱き、反発するようになったことは必ずしも不自然なこととはいえず、現に多くの従業員がＸの職場復帰を拒絶する意思を表明していることもあながち理解できないわけではない」。また、「労働契約が労使間の信頼関係に基礎を置くものである以上、他の従業員と上記のような関係にあったＸを、業務の円滑な遂行に支障を及ぼしかねないとして、被解雇者に選定したＹの判断には企業経営という観点からも一定の合理性が認められるというべきであって、これを不合理、不公正な選定ということはできない。なお、本件においては、Ｙの経営陣も、イで述べた従業員と同様のＸに対する強い嫌悪感を抱いており、そのことが整理解雇の対象者の人選に影響していることは否定できないところであるが、そのような事情があったからといって、Ｘを対象者に選定したことが直ちに不合理、不公正なものとなるものではないと解するのが相当である」。

　いい加減にしろという判示内容であるが、権利主張の困難さと職場における連帯の難しさをはしなくも示す事案ともいえる。

　実際には、お互いに利益をそこそこ追求することによって社会関係を良好に形成する工夫がなされ、対立（緊張）関係を回避する協調性が強く要請されている。このような同調圧力、さらに、忖度への期待が強い社会では、紛争は本来あってはならないことであり、社会や職場の病理

現象とさえ評価される。紛争と正面から向き合いそれを合理的に解決するという気迫に欠けることになる。議論状況を作るためには、集団的一揆的な告発や被害者の発生、さらに外部への持ち出しが必要になる。そうなると冷静な論理的議論は困難となり、テレビのワイドショーの出番となる。

　もっとも、社会があり、実際に利益の対立状態がある限り紛争は発生し、またそのおそれがある。そこで、わが国では、紛争を合理的に解決するよりは、まず、紛争状態になる前にその回避が図られるのが好まれる。そのためのテクニック、たとえば「根回し」や多様な形態の情報収集・アドバイスは頻繁に使われている。忖度やコミュニケーション力の強化も対立（議論）状態の回避の目的をもつ。企業や学校だけでなく役所や議会でも、問題が表面化しないための努力がつくされているのは周知のとおりである。今はやりの「コミュニケーション力」も対立を合理的に解決するよりは対立関係を作らないためのものであり、就活のそれがその典型といえる。

　紛争が実際に発生した場合でも、共通の資料・情報に基づいて議論をぶつけあうことによる合理的な解決はあまりなされない。特定の権力関係、人間関係を前提とした、以心伝心やナアナア主義、さらに腹芸、ボス交による場合が多い。もっとも、最近はボスがいなくなったこともあり、「ボス交」は死語になっている。これでも解決できなければ、「出るところに出る」、「裁判沙汰」になる。この段階になってやっと権利・義務的な世界が出現するわけだ。そこでは議論を通じて共通のより高い了解に達することよりも、議論の相手を打ち負かすこと自体が好まれる。まさに勝負の世界である。忖度と勝負の中間領域がないわけである。

　それでも、既存のインフォーマルな紛争解決方法は、人間関係を悪くせず、早期の解決を図るという点ではそれなりに合理的なものである。実際にも労働審判制度が労働紛争の迅速・調整的解決のために広く利用されており、一定の評価を得ている。とはいえ、結局お金の問題となる傾向は否定しがたい。また世界的には、近時、裁判以外の紛争解決方法は、ADR（Alternative Dispute Resolution）として脚光を浴びつつある。

もっとも、権利・義務的な世界を前提としての話であるが。

3　ワークルールを学ぶ意義

　わが国では、紛争の発生を自然なものととらえ、それを合理的に解決するという気迫に欠ける。さらに、紛争の発生を予測し、それに備えて周到な対策をたてることは、相手を信頼しない行為とみなされがちである。利害の対立や紛争は本来あってはならないものだからである。どうしても契約内容を細かくつめることも対立関係で理性的に議論することもヘタである。

　とりわけ、労働契約は不明瞭な契約の典型である。労基法は、労働条件明示義務を使用者に課しており（15条）、労契法も合意内容の書面化や契約内容の理解促進を提言しているが（4条）、それを守っていない企業も多い。義務があるにもかかわらず（労基法106条）、就業規則を周知していない企業さえ珍しくない。同条の明文にもかかわらず、労基法自体を周知している企業はほとんどない。

　労働者自身も労働契約内容の明確化を使用者に要求することは少ない。採用時にこんなことを聞くと不利に取りあつかわれるのではという労使関係上のおそれだけではなく、一般的な契約意識にも由来している。契約内容を明確にしたくないという意識は、法律や裁判制度の考え方と相いれない。つまり、合意内容や法律上の規定は、国家によって強制される紛争解決基準に他ならず、その前提となる人間像は、あくまで自分のエゴをはっきりと追求する個人である。エゴのぶつかりあいを調整した結果が合意や法規範といえるので、どうしても基準の明確さが重視される。つまり、ルールの設定は、身内や友人ではなく、まったく知らない、むしろ敵対している人間間の争いを合理的に処理することを目的としているからである。仲のよい関係はいつ悪化するか、この好業績がいつまで続くかは、分からないからである。法の世界では、不信感をもつのは長期的な信頼関係の維持のためでもある。

　わが国においても都市化の進展や人間関係がドライになっているので、

最近では牧歌的・人間関係的な紛争処理が急激に変容しつつある。相隣関係に基づく権利紛争や他人同士が争う交通事故等をめぐる争いは、生のエゴのぶつかりあいになる傾向を示す。テレビでも法律相談番組や弁護士ものも人気が出ている。法廷という異界での人間ドラマは、ある種の時代劇と同じようにリアリティがなくとも成り立つからであろう。

イヤでも法律は身近なものになりつつあるわけである。もっとも、適切にエゴを出すという訓練がなされていないので、やりはじめるとクレーマー化しがちである。クレーマー化しなければ権利を強く主張できないという風土ともいえる。ここでも、忖度と勝負の中間領域がないわけである。

実際にも、強力に権利主張する人はあまり歓迎されない。その原因は、他の多くの人がそれほど権利主張せず自分を抑えて我慢している場合が多いからである。その結果、権利主張した人の主張が通り、他の人は適切に反論できないので不満を抱くようになる。さらに、正面から反論できない分、陰で悪口をいいあい、排除することさえある。陰湿な人間関係となるわけである。このような負のスパイラル状態を回避するための特効薬は、特定の人だけではなく関係者全員が強く権利主張することである。全員参加の主張のぶつかり合いによってのみ妥当な妥協が形成される。我慢や自己抑制からは合理的・適切なルールは生まれにくい。他方、全員が我慢するという戦略もないわけではないが、こうなると決定自体ができなくなる。既成のルール（既得権）が尊重されることになる。

以上の状況をワークルールを学ぶ意義と関連づけると、労使関係や会社がうまくいっている場合には、法的な問題はあまり意識されない。それだけ幸せな状態といえる。ところが会社の経営状態が不安定になると従業員重視の傾向も変容せざるをえない。労務管理の省力化、能力主義化は、ドライな人事管理を促進し、非正規労働者の増加、低成績者の排除等がなされ、多様な紛争が発生する。また、私生活重視型の若年労働者の出現、会社との距離をとりやすいパート・派遣等の非正規労働者の増加等でも紛争状態が発生しやすくなっている。エゴを追求する、もしくは追求せざるをえない個人が職場にも多数出現しはじめているわけで

ある。経営サイドもこのような状況を先取りして、従業員の自立とか自己責任とかを重視しているが、これで対処できるわけではない。

　職場もお互いの主張を正面からぶつけあう法理による解決が要請される状況になっている。したがって、労働者だけではなく使用者にとってもワークルールの知識や法的なものの考え方が不可欠である。自分（達）を守るためにも、相手の立場を十分に理解するためでもある。もっとも、職場は権利・義務だけの世界ではないので、法的な論理や解決の限界も同時に知る必要がある。職場の和を越えた、もしくはふまえた合理的なルールに基づく良好な人間関係形成のスキルといえる。これが容易でないことは、昨今急増している「パワハラ事案」をみれば容易に分かるであろう。しかし、働きがいのある、働きやすい職場を作るためには避けて通ることはできない。やや力んでしまったが。

第2章

労働者でなければ私はなに

　ワークルールは労働者や労働契約に関するルールであり、それにより労働者の保護が図られる。ところが、「労働者」とは何かは必ずしもはっきりしないケースが増加している。後述のように一般的・抽象的基準はあるがその具体的適用となるととても難しい。さらに最近、国は多様な働き方を促進しているが、働き方の違いによってどのような保護がなされるか（なされないか）までは十分に説明されていない。働き方の違いによってワークルールが適用されないことがあるのでこの問題を正確に理解する必要性は大きい。会社で働いているけれど、雇用ではなかったということもあるからである。

1　どんな働き方があるか

　多様な働き方は、最近のトレンドである。とはいえ、家事労働や育児のように対価性のない（ある種の対価性は想定しうるが）仕事ではなく、それによって生計を立てるものを想定している。この生計の立て方については、基本的に2つのパターンがある。会社等で働く雇用（労働契約）と自分のリスクで働く雇用以外の自営・農業従事等である。また、前者についても会社との距離によって正規と非正規に二分されている。ここではこの多様な働き方の特徴と背景について考えてみたい。
　最近の顕著な傾向は、雇用以外の就労や非正規の増加であり、それにともない多様な紛争も発生している。労働問題自体が複線化しているわけである。というより、「労働問題」といえるかが争点になっている。IT関連やマスコミ関連ではフリーランス等の自営的な働き方も一般的

になっている。では、雇用以外の働き方が増加している理由は何か。

　第1の理由は、労働契約にともなう制約（労基法、労組法上制約を受けること、さらに社会保険上の負担）を回避するためである。第2は、仕事が恒常的ではない一時的な場合に、当該の仕事をさせるためである。業務上のコスパゆえといえる。第3は、自由に独立して仕事がしたい「労働者」のニーズが高まったことにもよる。労基法は、使用者だけではなく労働者の自由・行為をも規制しているからである。全体的にみると、労務管理にともなう手間ひまとコストを削減したい企業のニーズによるといえる。

　さらに、会社で働いていても、出世して役員になると会社との関係は「雇用」から「委任」（この区別は後述）になることがある。役員になると労働法上の保護がなされないので、はじめから新入社員を役員として採用する気前のいい会社もあるが、同人に実質的権限がなければやはり雇用とみなされる。類設計事務所事件では、学習塾の講師につき、会社が「対等な関係にあるメンバーから構成される共同体であり、被告におけるルールは、メンバー自身の決定によるものと同視され、原告が他のメンバーから指揮命令されることはなかった旨主張」したが、就労実態から認めらず、割増賃金の支払いが命じられている（大阪地判平成28.1.29LEX/DB25542196）。甘い話には裏があるので要注意。

　このような働き方が実質的には「労働契約」といえるかはほぼ一貫して労働法のホットな争点である。その結果によって法的な風景がまったく異なってくるからである（全体状況については、國武英生『労働契約の基礎と法構造』日本評論社、2019年、参照）。

　次に、雇用についても、大別して正規労働と非正規労働に区分される。増加する非正規労働の特徴としては、①雇用が不安定であり有期労働者が多い、②時給かつ低賃金であり経済的自立が困難（ワーキングプア）、③職業キャリアの形成が不十分、④権利が十分に保障されず労働組合員も少ない、があげられる。⑤社会保険上の権利保障が不十分という側面もある。

　この非正規労働については、法的に雇用の安定化と正規労働者との間

で「同一労働同一賃金」原則の適用が主要な課題になっている。後者については、近時多くの裁判が提起され、2018年には「パート・有期雇用労働法」が成立した。

注目すべきは同法14条の規定であり、以下のように定めている。

「事業主は、短時間・有期雇用労働者を雇い入れたときは、速やかに、第八条から前条までの規定により措置を講ずべきこととされている事項（労働基準法第十五条第一項に規定する厚生労働省令で定める事項及び特定事項を除く。）に関し講ずることとしている措置の内容について、当該短時間・有期雇用労働者に説明しなければならない。

2　事業主は、その雇用する短時間・有期雇用労働者から求めがあったときは、当該短時間・有期雇用労働者と通常の労働者との間の待遇の相違の内容及び理由並びに第六条から前条までの規定により措置を講ずべきこととされている事項に関する決定をするに当たって考慮した事項について、当該短時間・有期雇用労働者に説明しなければならない。

3　事業主は、短時間・有期雇用労働者が前項の求めをしたことを理由として、当該短時間・有期雇用労働者に対して解雇その他不利益な取扱いをしてはならない。」

今後、正規労働と非正規労働との在り方の本格的な見直しがなされることが予想される。まさに、働き方革命である。

なお、この雇用形態の二分化に対し、正規労働者についてはその多様化（たとえば、限定正社員制度）が、非正規労働者についてもその戦力化が図られ、各グループ内部でも多様な働き方が志向されるようになっている。既存のカテゴリーでは説明しえない状況になりつつある。

2　労働者に関する法律上の定義

「労働者」とか「労働者の生活」、「労働契約」とかについて、かつては一定の共通の了解があった。二次産業の工場労働者の汗くさいイメージであり、従属労働といえばそれなりに納得できた。自立した労働（労働内容の自己決定）を意味する民法上の請負（632条）や委任（643条、

656条）と雇用契約（623条）とは、はっきりと区別ができたからである。現在では、サービス産業化、ホワイトカラー化、さらに個人主義化で労働者イメージは変貌というより、拡散している。「労働者」という表現もなにか暗い。「労働法」についても同様であり、将来的には、学会名も「雇用関係法学会」になるかもしれない。

　労働法は、その対象を明確にするために、労働者を次のように定義している。「この法律で『労働者』とは、職業の種類を問わず、事業又は事務所（以下『事業』という。）に使用される者で、賃金を支払われる者をいう」（労基法9条）と、また「この法律において『労働者』とは、使用者に使用されて労働し、賃金を支払われる者をいう」（労契法2条1項）。もっとも後述のように、労組法上の定義は異なる。

　「使用されての労働」と賃金の支払いがポイントである。民法623条も雇用契約につき「雇用は、当事者の一方が相手方に対して労働に従事することを約し、相手方がこれに対してその報酬を与えることを約することによって、その効力を生ずる」と定めている。これらの規定による「労働者」はほぼ同様なものと理解されている。

　もっとも、労務の提供の仕方としては「使用されての労働」以外により独立した働き方もある。そこで民法は、労務提供契約として、それを次の3つに分類している。雇用（623条）、請負（632条）、委任（643条。事務の委任、「準委任」については656条）である。雇用は、労務提供自体を目的とし、労務の態様は従属的、つまり使用者の指揮命令下で働くことを意味する。雇用契約は、労基法・労契法では労働契約とされる。次に、請負は目的が仕事の完成にあり、労務提供については独立的である（建築請負契約等）。請負人が自分のリスクで仕事を進めることになり、製品ができなければ対価を請求できない。また、委任は法律行為を目的とするが（民法643条）、規定が準用される準委任については、その目的は事務の遂行とされ（民法656条）、労務の態様は独立的とされる（医療契約等）。

　つまり、雇用の基本的特徴は従属的な労務提供とそれに対応する対価の支払いといえる。とはいえ、指揮命令（従属性）の程度はいろいろあ

り、研究職等裁量性の高い仕事も労働契約の内容になる。労基法は、そのような職種について規制対象とするとともに裁量労働制の対象として独自の規制をしている（38条の3）。

同時に、労務提供については、その仕方と賃金額との関連も問題になる。たとえば、病気休職期間中のリハビリ出勤に対応する賃金額である。NHK事件・名古屋高判（平成30.6.26労働判例1189号51頁）は、最低賃金額の支給を認めている。

3　なぜ、どのような形で争われているか

ある労務提供契約が労働契約に当たるかは原則的に当事者の合意による。つまり、同じような働き方であっても、当事者の合意によって、労働契約になったり請負契約になったりする側面がある。では、なぜ労働契約か否かが争いになるのか。これは、労務提供の実態からして雇用契約（労働契約）とみられるにもかかわらず、請負や委任という合意が当事者によってなされた場合に、それを認めることができるかとの問題である。実質は労働契約とみなされるかが問題になるわけであり、形式的な「合意の解釈」というより規範的立場から当事者の意思に反して（反してが強すぎる表現ならば、尊重せず）「労働契約」と性格づけるべきかの作業に他ならない。労働者もしくは労働契約として保護する必要があるかを端的に問題にするわけである。その点では、当事者の合意に優先する強行法的なルールの適用といえる。もっとも、契約類型につき、強行的に解釈する理論的な根拠はそれほど明確ではない。

さらに、個別契約レベルだけではなく、労組法との関連においても労働者概念は争われている。具体的には、労働組合を結成し団交を要求しうるかが論点である。労組法3条は「この法律で『労働者』とは、職業の種類を問わず、賃金、給料その他これに準ずる収入によって生活する者をいう」と定め、使用者の指揮命令についてはふれず、組合活動を保護する観点から失業者をも広くその対象としている。

4 裁判例の傾向は

 では、裁判例はどうなっているか。まず、確認すべきは、労働者性といっても実際に労基法等の条文が全体として適用となるかが問題になっているわけではないことである。業務命令のあり方や年休権の有無はほとんど問題にならない。多くは、契約関係の終了につき「解雇」法理の適用があるか、つまり終了につき正当性が必要か、時間外労働に対する割増賃金の支払い義務があるか、また労災保険の保護対象となるかが争われている。

 労働者性につき明確な一般的基準を示した最高裁判例は存在せず、個別事案についての判断が示されているにすぎない。全体的な傾向としては、使用者の指揮命令の程度や対価の賃金性が重視されている。たとえば、証券会社の外務員については、指揮命令がなされず、出来高給であることから（山崎証券事件・最一小判昭36.5.25民集15巻5号1322頁）、また、車持ち込み運転手については、「運送という業務の性質上当然に必要とされる運送物品、運送先及び納入時刻の指示をしていた以外には」特段の指揮監督を行なっていたとはいえず、「時間的、場所的拘束の程度も、一般の従業員と比較してはるかに緩やか」であったことから（横浜南労働基準監督署長事件・最一小判平成8.11.28判例時報1589号136頁）労働者性を否定している。最近の例としては、大工につき同様な判断が示されている（藤沢労基署長事件・最一小判平成19.6.28労働判例940号11頁）。

 他方、病院内付き添い婦については、最高裁（安田病院事件・最三小判平成10.9.8労働判例745号7頁）は、採用の経緯、指揮命令の存在、対価の支払い形態から病院との関係において労働者性を肯定した。研修医の労働者性も認められている（関西医科大学事件・最二小判平成17.6.3労働判例893号14頁）。

 下級審では、多様な事案が問題となっている（鎌田耕一編著『労働契約の研究』〈多賀出版、2001年〉、柳屋孝安『現代労働法と労働者概念』〈信

山社、2005年〉、川口美貴『労働者概念の再構成』〈関西大学出版部、2012年〉等）。

　ところで、労働組合法上の労働者性については、会社組織への組み入れを重視してより広く認められている。たとえば、外注先（INAXメンテナンス事件・最三小判平成23.4.12労働判例1026号27頁、国立劇場運営財団事件・最三小判平成23.4.12労働判例1026号6頁、ビクターサービスエンジニアリング事件・最三小判平成24.2.21労働判例1043号5頁も参照）について、個別事案との関係においてであるが次の諸点に注目している。それでもかなり一般性のある基準といえる。

　①事業の遂行に不可欠な労働力として、その恒常的な確保のために会社の組織に組み入れられていたこと、②契約内容が一方的に決定されていたこと、③報酬が労務の提供の対価としての性質を有すること、④各当事者の認識や契約の実際の運用において基本的に個別の修理補修等の依頼に応ずべき関係にあったこと、⑤指定する業務遂行方法に従い、その指揮監督の下に労務の提供を行なっており、場所的にも時間的にも一定の拘束を受けていたこと、である。組織に組み込まれ指揮命令下における労務提供であったこと①⑤、報酬の賃金性③、取引関係の不平等（もしくは独立性の欠如）②④、に注目しているといえる。

　これらの労組法上の判断基準が労基法・労契法上の「労働者」概念にどのような影響を与えるかは必ずしもあきらかでない。その基準をより厳格に適用することになると思われるが、厳格さの度合いはやはり不明確である。気合いの違いかもしれない。

　実際の事件では労基法と労組法で異なった判断が示される例もある。たとえば、バイシクルメッセンジャーの労働者性が争われたソクハイ事件においては、労基法上の労働者性は否定されているが（東京地判平成25.9.26労働判例1123号91頁、東京高判平成26.5.21労働判例1123号83頁、最三小決平成27.7.21LEX/DB25540764）、労組法上の労働者性は認められている（東京地判平成24.11.15労働判例1079号128頁）。

5 どのように考えるべきか

　以上のように裁判例は、基本的に指揮命令の有無、程度から労働者性を一義的に判断している。このようなアプローチによると、仕事の仕方につき裁量があると、たとえ経済的な従属性（契約締結上不利な地位にたつこと）があったとしても労働者とは認められないことになりがちである。労働法的な保護はまったく与えられないことになる。今後、このような仕事の仕方につき裁量性のある労働者が増えることが予想されるので、この「準労働者」的な働き方についてどの程度の法的な保護を認めるべきかが問われている。最近では、フランチャイズのコンビニ店長や葬儀会社の支部長（ベルコ事件・札幌地判平成30.9.28労働判例1188号5頁）の労働者性等も問題になっている。

　このテーマについては、まず実態把握とそれにともなう課題の発見が重要である。立法的課題であるとともに解釈レベルについてもそういえる。実際にも、厚労省報告書「雇用類似の働き方に関する検討会」（2018年3月30日）が発表されている。そこでは保護の内容として以下の10項目を提起している。①契約条件の明示、②契約内容の決定・変更・終了のルールの明確化、③契約の履行確保、④報酬額の適正化、⑤スキルアップやキャリアアップ、⑥出産、育児、介護等との両立、⑦発注者からのセクシュアルハラスメント等の防止、⑧仕事が原因で負傷し又は疾病にかかった場合、仕事が打ち切られた場合等の支援、⑨紛争が生じた際の相談窓口等、⑩その他（マッチング支援、社会保障等）。

　同報告書は、経済法による規制についても目配りをしている。この点については、公正取引委員会競争政策研究センター「人材と競争政策に関する検討会報告書」（2018年2月15日）の提言が示唆的である。もっとも、公正取引委員会がこの種の紛争を適切に処理しうるかはかなり疑問である。いずれにせよ本格的な議論は始まったばかりである。

　では、この問題にどう対処すべきか。基本的には立法的課題と思われるが、契約解釈レベルでは次の3つの方策が考えられる。

①労働者か否かの判断基準の拡大解釈を通じて労働者概念の拡大を図る。組合法上の労働者概念を一般化することも考えられる。②労働者概念を準用して労働契約法の類推解釈を試みる。この点について、NHK地域スタッフ事件・大阪地判（平成27.11.30労働判例1137号61頁）は、「原告は、被告に対し、労働契約法上の労働者に準じる程度に従属して労務を提供していたと評価することができるから、契約の継続及び終了において原告を保護すべき必要性は、労働契約法上の労働者とさほど異なるところはないというべきである。そして、労働契約法は、純然たる民事法であるから、刑事法の性質を有する労働基準法と異なり、これを類推適用することは可能である。そうすると、期間の定めのある本件契約の中途解約については、労働契約法17条1項を類推適用するのが相当である」と明確に判示している（もっとも、控訴審大阪高判平成28.7.29労働判例1154号67頁はこの類推適用を否定している）。③経済法（独禁法）との連携により独自の法解釈を試みる、が想定される。

一方、立法化としては、準労働者概念を想定し、一定の保護を図ることが考えられる。これは労契法立法時の構想にあった（平成17.9.15「今後の労働契約法制の在り方に関する研究会報告書」荒木＝菅野＝山川『詳説労働契約法 第2版』〈弘文堂、2014年〉312頁）が、具体化するには至らなかった。

私は、契約解釈ならば②が適切ではないかと考えている。ただ、そのような搦手からのアプローチよりは、将来的には実態をふまえた立法的解決のほうが望ましいと思われる。具体的には、指揮命令の有無とともに経済的従属性をも重視し、労働法の適用対象を二分して取り扱うべきだと考えている。つまり、労基法等が全面的に適用される真正の労働者と雇用保障等の側面についてルールが適用される準もしくはグレーゾーンの労働者である。後者については、使用者から指揮命令をそれほど受けていないので、労働時間や懲戒ルール等については規制をする必要がないが、雇用（生活）保障的な、解雇・賃金の規制、労災補償を中心に保護すべきものと思われる。

ところで、労組法上の「労働者」概念については、実際には3条の解

釈ではなく、労組法7条2号の「雇用する労働者」かが問題になる。この「雇用する労働者」か否かについての判断につき、個々の労働者と使用者間の労働契約関係に準じた要素に着目するだけではなく労働者サイドにおける利害の共通性や連帯の経緯、組織化の動き・程度等も「連帯関係」として独自の考慮事項となるのではなかろうか。労使関係を問題にする視点が異なるわけである。

第3章

労働条件はどう決まっているか

　法はシステムにほかならないので個別の法理や裁判例の意義を知るためには全体の仕組みを理解する必要があり、ある程度教科書的な知識も重要である。ここでは法的に労働条件はどう決まっているかを説明する。こんなこと知っていると思っても確認的に読んでおいたほうがいい部分である。教師も、講義をするたびに新たな問題を発見するのものである。

　労働条件決定システムは、基本的に以下の4つの側面、労働契約、就業規則、労働協約、さらに労基法等の実定法から構成される。基礎となるのは個々の労働者と使用者間の約束、つまり労働契約である。使用者が一方的に定める就業規則や使用者と労働組合との合意による労働協約の内容もそれが労働契約内容に「なる」もしくはそれを規制することによって当事者を拘束する。労基法等の多様な労働関係立法の多くは強行法的な最低基準として労働契約等の合意の下支えをすることになる。

1　多様な労働関係立法

　働く際のルールにつき以下のように多様な立法がなされている。その多くは、強行法規なのでその内容を知っておく必要性は高く、ネットで調べることができる。知識は力となる。

　第1は、労働契約に関する基本法たる労働契約法である。労働契約法には、労使対等な立場での労働契約の締結、契約の履行が信義に従うべきこと等、さらに解雇や懲戒に関する定めがある。また、就業規則と労働契約との関連についても定めている。第2以下の諸立法も、そこで定める基準が労働契約の内容になることにより労働契約の問題になる。ま

た、民法の関連規定（90条、93-96条、709条等）も労働契約の解釈の際に考慮される。

第2は、労働条件に関する立法である。働く際の労働条件と労働者の健康・私的な生活を擁護する目的をもつ。

その1として、賃金につき、最低賃金法や賃金支払確保法がある。最低賃金法により、各都道府県毎に最低賃金が定まっている。賃金支払確保法は、企業倒産時に未払い賃金について国が立て替え払いすることなどを規定している。支給要件や額については労働基準監督署に相談するとよい。

その2として、労働時間につき、労働基準法が1日8時間、週40時間の最長労働時間を定めている。同時に、多くの適用除外、緩和規定がある。2018年の働き方改革関連法により大幅な修正がなされている。

その3として、労災・安全衛生につき、労働基準法、労働者災害補償保険法、労働安全衛生法等がある。中心となるのが労働者災害補償保険法であり、労災に対し社会保険としての給付を定めており、通勤災害についても独自に補償をしている。

その4として、育児・介護につき、育児介護のための休業を保障する育児介護休業法があり、働き続けるためのワーク・ライフ・バランスを実現する法律といえる。

第3は、特定の労働者に着目する立法である。

その1として、特定の雇用形態を前提としたものとして、家内労働法、労働者派遣法、パートタイム労働法がある。2018年に働き方改革関連法の一環として「パート・有期雇用労働法」が成立し、2020年から施行される。

その2として、特定の労働者グループを対象としたものとして、障害者雇用促進法、男女雇用機会均等法、高年齢者雇用安定法がある。

第4は、雇用保障に関するものである。

その1として、解雇について労働契約法16条は相当な理由のない解雇を禁止している。同時に多くの立法で多様な差別的な解雇を禁止している（労働基準法3条、労働組合法7条等）。

その2として、職業安定法が職業指導や職業紹介について、また雇用保険法が失業保険について規定している。
　第5は、個別労働紛争の処理・解決に関するものである。「個別」というのは労働組合が関わらないという意味である。労働局における個別労働関係紛争解決については個別労働関係紛争解決促進法が、また裁判所における解決については労働審判法が規定している。その他に、各地の労働委員会においても個別労働紛争のあっせんを行なっている。
　第6は、集団的労働関係に関する法である。労働組合活動を保障する不当労働行為制度や団交、協約に関しては労働組合法が、また、労働争議の調整・解決を目的とするものとして労働関係調整法がある。

2　基礎となる労働契約

　労働条件を定めるものは、基本的には労働契約であり、労使対等な立場による合意が目指されている。労契法1条は同法の目的として、「この法律は、労働者及び使用者の自主的な交渉の下で、労働契約が合意により成立し、又は変更されるという合意の原則その他労働契約に関する基本的事項を定めることにより、合理的な労働条件の決定又は変更が円滑に行われるようにすることを通じて、労働者の保護を図りつつ、個別の労働関係の安定に資することを目的とする」と定めている。この契約自由の原則はまさに自己決定・自己責任の世界である。
　合意の成立については、主に契約締結過程から個別合意の認定がなされる。明示の合意との関連では書面化が重視されるが（労契法4条2項）、口頭の例もある。ただ口頭の場合はその内容の立証は困難である。明確な合意内容を認定できない場合には諸般の事情（職場慣行・労使慣行等）から黙示の合意が認定されることも少なくない。ともかく「合意」が重視される。
　他方、合意の成立が認められても、労基法違反や公序に反する等の理由でその効力が認められないこともある。さらに、この合意内容の認定については、労働者の真意や納得を重視する最高裁判例（山梨県民信用

組合事件・最二小判平成28.2.19労働判例1136号6頁）があり、多くの裁判例において真意か否かを具体的にどう判定するのかという難問に直面している。取引は、不満があるけどやむをえないか、という自己責任の世界なので真意や納得までが必要かは問題になるからである。この点は、労働契約論の最近の最大のホットイッシューに他ならないので後述したい。

ところで、契約内容を外部から規律・変更するものとして就業規則と労働協約がある。いずれも、その時々の集団的決定のニーズに対応したものである。

3　実際には就業規則による

労働条件については、労働契約でその内容を決めるのが建前だが、実際には就業規則によって定まっている場合が多い。会社が労働条件を個人ごとに決めるのは大変であり、またその時々で変更する必要があり、さらに基本的な労働条件がその対象となっているからである。規定内容の体系性・包括性・継続性・集団性の側面で使用者にとって使い勝手のよい仕組みといえる。もっとも、就業規則には職場の労働条件を下支えする効力が労契法により認められているので、労働条件の確保のうえでも重要な役割を果たしている。

実際の労使関係においても、労働協約は別として詳細な労働条件を定めているのは就業規則（だけ）である。個別の労働基準関係立法は最低基準にすぎず、また労働者に交渉力が欠けるので労働契約では適切な条件の確保は困難である。さらに、労働組合組織率や組合の交渉力の低下により労働協約の役割も弱まっているからである。また、実際の紛争、たとえば解雇や配転事案においても、関連する就業規則規定の解釈が争点となる。したがって、自社の就業規則内容を知っておくとともに就業規則に関する制度や法理を正確に理解する必要性はとても高い。

就業規則についてはその作成・変更に関する制度的・手続き的ルールが労基法により、また効力が労契法により定まっている。前者につき、

就業規則は使用者が一方的に作成・変更し、労働者は過半数組合もしくは代表者を通じて意見を述べることが認められているにすぎない（労基法90条）。同時に、常時10名以上の労働者を使用する使用者に対し作成義務が課せられている。10名未満しか使用しない使用者については作成は義務づけれていないが、労働条件や懲戒ルールの明確化のために作成しておくことが好ましいといえる。私は、就業規則がない限り使用者は懲戒をなしえないと考えているのでなおさらそうである。

また、記載事項は次のように規定されている（労基法89条）。1号から3号までは必ず記載すべき事項であり、3号の2から9号までは、会社内で定めをする場合には就業規則に記載すべき事項といえる。基本的な労働条件はほぼ網羅されている。就業規則内容をそのまま労働協約として定めるだけでも「包括的な労働協約」が成立するほどである。

1号　始業及び終業の時刻、休憩時間、休日、休暇並びに労働者を二組以上に分けて交替に就業させる場合においては就業時転換に関する事項

2号　賃金（臨時の賃金等を除く。以下この号において同じ。）の決定、計算及び支払の方法、賃金の締切り及び支払の時期並びに昇給に関する事項

3号　退職に関する事項（解雇の事由を含む。）

3号の2　退職手当の定めをする場合においては、適用される労働者の範囲、退職手当の決定、計算及び支払の方法並びに退職手当の支払の時期に関する事項

4号　臨時の賃金等（退職手当を除く。）及び最低賃金額の定めをする場合においては、これに関する事項

5号　労働者に食費、作業用品その他の負担をさせる定めをする場合においては、これに関する事項

6号　安全及び衛生に関する定めをする場合においては、これに関する事項

7号　職業訓練に関する定めをする場合においては、これに関する事項

8号　災害補償及び業務外の傷病扶助に関する定めをする場合においては、これに関する事項

　9号　表彰及び制裁の定めをする場合においては、その種類及び程度に関する事項

　10号　前各号に掲げるもののほか、当該事業場の労働者のすべてに適用される定めをする場合においては、これに関する事項

　さらに、労働基準監督署への届け出と労働者の見やすい場所に掲示するなどして従業員に対して内容を周知すること（労基法106条）が義務づけられている。各規定の違反に対し一定の刑事罰（30万円以下の罰金）も課せられる（同法120条）。労基法上就業規則は、使用者による労働条件の一方的設定のシステムであり、過半数代表者からの「意見聴取」手続きはあるとはいえ、合意を重視する契約法的色彩はほとんどないわけである。

　もっとも、法的には重要な効力が労契法によって次のように認められている。周知する義務があるゆえんである。この「周知」の意味や効力に関しても多くの紛争があるので後述したい。

　効力の1は、就業規則上の規定に達しない労働契約内容を無効として就業規則の定める基準まで高める「最低基準効」（労基法12条）である。就業規則で初任給20万円という規定があれば、個別契約で19万円という合意をしても、当該合意は無効となり契約上の初任給は20万円となる。最低基準効なので、就業規則より労働者にとって有利な合意（たとえば21万円）は有効となる。なお、明文の規定では周知は要件とされていない。

　その2は、労働契約に定めがない部分について、就業規則で定める労働条件による「契約内容補充効」（労基法7条）である。就業規則は職場の労働条件の最低基準となるとともに、「労働契約に定めがない部分」については就業規則内容が契約内容になるという効力もある。労契法7条は、「労働者及び使用者が労働契約を締結する場合において、使用者が合理的な労働条件が定められている就業規則を労働者に周知させていた場合には、労働契約の内容は、その就業規則に定める労働条件による

ものとする」と定めている。個別の労働契約において労働条件の細かなことまで定めていない場合が多いので、この規定はとても重要である。たとえば、ボーナスの支給の有無、時期や基準、残業義務や配転・出向義務の有無、さらに懲戒ルールなどは、ほとんど就業規則だけで決められているからである。

　もっとも、就業規則の内容といっても、合理性が要求されるのであまりにも問題の多い条項は拘束力を持たない。たとえば、「無断欠勤1日で懲戒解雇ができる」という規定等である。このケースでは懲戒解雇は無効とされるが、その理由づけとしては根拠となった就業規則が無効だからという構成と懲戒権・解雇権濫用（労契法15条、16条）という構成があることも知っておきたい。

　後述のように「合理性」という用語は労契法10条でも使われているが、同法7条における合理性は、その内容が（きわめて）不当とはいえないという限定的な意味である。ここでは、「合理性」に2つのレベルがあることに留意しておきたい。同時に、契約内容になるので就業規則内容の周知も要件とされる。さらに7条は、「労働契約を締結する場合において」という文言を使っているが、締結時以降についても適用しうるかは争点となる。

　その3は、労働条件を一方的に不利益変更しうる「不利益変更効」（労契法10条）である。就業規則は職場における最低基準になるので、それを不利益に変更したならば労働条件に強い影響をあたえる。その後に入社した人には新規定が適用され、いままで旧規定で働いた人についても変更に合理性があれば新規定が適用されるからである。

　そこで、労契法10条は、変更の合理性と就業規則内容の周知を要件として不利益変更の効力を認めるルールを定めた。この合理性については、それ以前の判例法理をふまえて、「就業規則の変更が、労働者の受ける不利益の程度、労働条件の変更の必要性、変更後の就業規則の内容の相当性、労働組合等との交渉の状況その他の就業規則の変更に係る事情」によるとされている。このように合理性を判断する基準はそれなりに明らかになったが、具体的事案における個別的適用となると予測はや

はり困難といえる。

　この合理性につき労使での調整がうまくいかなければ、結局、裁判官の判断によることになる、というよりならざるをえない。労使自治の弱体化がある種のリーガリズムを生む典型である（労契法20条についても同様な傾向にある）。裁判官がこの種の紛争を適切に判断できるかはやや疑問であるが。

　就業規則法理を概観すると、最低基準効は、労働条件の維持改善の観点から労働者保護システムとして独自の位置づけができる。また、契約内容補充効は、契約解釈の一環としてそれなりに説明でき、また、「合理性」基準によって一定の歯止めは可能となる。しかし不利益変更効については、経営上のニーズはともかく、労働者が個々的にもしくは集団的に反対していたとしても使用者による一方的な契約内容の変更が可能なので契約論的な説明は困難である。はっきりいえば不可能、無理筋と分かっての議論といえる。もっとも、労契法によって独自の労働条件決定方式を法定化したという評価は可能である。

　就業規則については近時学説において精緻な議論がなされているので章を改めてやや詳細に検討したい。そこでの議論は精緻になればなるほど実態から乖離する傾向が見られる。これは法解釈論の宿命かもしれない。

4　労働協約の力

　労働契約では使用者の意向が重視され、また就業規則は使用者が一方的に作成・変更するものである。労働者サイドの意向や利益は必ずしも反映されにくいので労働組合と使用者との合意である労働協約による労働条件の維持向上の必要性がでてくる。組合を結成し集団化することにより交渉力が高まるからであり、ここに組合の基本的存在意義がある。

　労組法16条は、労働協約の効力につき「労働協約に定める労働条件その他の労働者の待遇に関する基準に違反する労働契約の部分は、無効とする。この場合において、無効となった部分は、基準の定めるところ

による。労働契約に定めがない部分についても、同様とする。」と定めており、これを規範的効力という。すなわち、労使間における労働条件基準の設定により、協約基準以下の契約内容は、当該規定により協約基準にまで引きあげられることになる。労働条件の向上が図られるわけである。

ところで、この規範的効力について留意すべき事項がある。その1は、規範的効力は原則として（協約の拡張適用の規定として労組法17条、18条参照）組合員だけに及ぶ。それによって組合加入を促進しているわけであるが、組合員と非組合員の対立構造の原因にもなる。非組合員については、就業規則によって労働条件が決められ、組合員については労働協約と就業規則によって決められる。両者の関係については、労働協約が優先される（労契法13条）。

その2は、契約内容よりも不利な労働条件を定める協約にも規範的効力が認められる。組合を通じて労働条件を集団的に決定することを重視して判例は不利益変更についても規範的効力が及ぶと解している（朝日火災海上保険事件・最一小判平成9.3.27労働判例713号27頁）。組合にはそれだけ強大な権限が付与されているわけである。もっとも、協約の規定内容が一義的な基準でない場合、たとえば原則やガイドラインを定めているにすぎないケースではそのような強い規範的効力までは認められない。

5　全体の関連はどうなっているか

以上のように、労働条件は、労働契約、就業規則、労働協約、さらに労基法等の諸立法によって定まっている。これらの具体的内容が異なる時には、その拘束力は原則的に次の順序で決せられる。

まず、労基法等の労働条件立法がオールジャパンの最低基準となり、労働契約、就業規則、労働協約はこれに違反することはできない。そのような合意をしても強行法規違反として無効となる。他方、労基法等以上に有利な労働条件を合意等により定めることは当然許される。

次に、労働契約、就業規則、労働協約の関係は、労働協約がある場合とない場合で大きく異なる。

　労働協約がある場合には、組合員については労働協約の規定が優先する。労働契約や就業規則の規定が協約より有利であってもそう解される。労働協約にはそれだけ強い効力が認められているわけである。

　他方、協約がない場合や協約が規制していない部分については、就業規則が職場における最低基準となる。就業規則より労働者に有利な労働条件についての個別合意は、契約の自由の対象となり有効とされる。しかし、就業規則の規定よりも不利な個別合意は無効となり、就業規則が適用される。

第4章

よく分からない就業規則法制

　就業規則は労働条件の集団的・継続的決定のシステムとして、一方的に制定・変更できるので使用者にとって使い勝手がいいものである。とりわけ、合理性があれば労働条件を一方的に不利益変更できることから（労契法10条）そういえる。しかし、10条の具体的適用となるとその合理性の有無の判断は必ずしも容易ではない。

　本章では、就業規則の不利益取扱いをめぐる論点を主に取り上げる。分かったような気になるが、深掘りすればよく分からない問題である。とはいえ法解釈は分かったような気になることも重要であるが。この解釈問題とともに就業規則法制自体の課題も取り上げたい。就業規則の利用があまりに肥大化しているので法システムとしての特徴や限界も知る必要があるからである。

1　就業規則の不利益変更

　労働条件を一律に変更する場合に、使用者が一方的にできるので就業規則によることが多い。労働者にとって有利な変更も、不利な変更についてもそうである。前者については、利害が対立しないので紛争はほとんど生じない。他方、不利益変更の場合は紛争化することが多く、2つの形で問題が生じる。

　その1は、変更後に採用された者との関連である。新採用者については不利益変更後の就業規則が「現行」規定として適用されるので「不利益変更」問題は生じない。もっとも、労契法7条の「合理性」は問題になる。

その2は、変更前から就労している者との関連であり、既得権の侵害が論点となる。労契法9条は、「使用者は、労働者と合意することなく、就業規則を変更することにより、労働者の不利益に労働契約の内容である労働条件を変更することはできない。ただし、次条の場合は、この限りでない。」とし、10条は、「使用者が就業規則の変更により労働条件を変更する場合において、変更後の就業規則を労働者に周知させ、かつ、就業規則の変更が、労働者の受ける不利益の程度、労働条件の変更の必要性、変更後の就業規則の内容の相当性、労働組合等との交渉の状況その他の就業規則の変更に係る事情に照らして合理的なものであるときは、労働契約の内容である労働条件は、当該変更後の就業規則に定めるところによるものとする」と定めている。

条文をそのまま素直に読むと、労働者との合意があれば労働条件を変更することができ（労契法9条）、合意がなければ労契法10条により一方的に変更しうると解される。就業規則法制下において個別合意による労働条件の変更が許されるかは学会におけるホットな論点である。私は、許されるとする「通説」に対し、それではアンフェアな交渉になるという根本的な疑問を有している（詳しくは専門的になりすぎるので、拙著『労働組合法の応用と課題――労働関係の個別化と労働組合の新たな役割』日本評論社、2019年、64頁を参照されたい）。

ここではより原理的な議論として不利益変更法理自体の問題点を指摘したい。では実際にどのような紛争パターンがあるか。おおむね、以下の3つに区分され、それぞれ労使の利害状況は異なる。

その1は、経営悪化型である。経営が悪化したために労働条件（とりわけ賃金）の不利益変更を余儀なくされるケースである。労契法10条で規定する各要素が問題となる典型例といえる。

その2は、いわゆる外圧型である。労働時間短縮、定年延長等の新たな労働条件立法や行政的な措置に対応するために関連する労働条件を不利に変更するものである。

その3は、労務管理（賃金）体系変更型である。将来的な経営悪化を見越して年功的な賃金体系から職能的もしくは成果主義的な賃金体系を

めざすものである。最近は、この型が増加する傾向にある。

　この労契法10条については、その趣旨と個別事案における具体的適用が主要論点となる。

　まず、前者については、使用者が一方的に労働条件を変更しうる権限がなぜ認められるか。この点は契約論的には説明は困難である。一方的に変更しうる権限を（一定の範囲で）あらかじめ包括的に、労働者が使用者に付与したとの構成はできるが、対等決定原則（労基法2条、労契法3条1項）に明確に反する結果となる。そこで、通説は解雇権が制限されていることから使用者に柔軟な労務管理および労働条件決定権限を付与することでバランスをとっていると解している。労務管理のニーズに対応したルールというわけである。この点、「労働契約法の施行について」（平成24.8.10基発0810第2号）は、労契法10条の趣旨につき、「法第9条において、法第8条の『合意の原則』を就業規則の変更による労働条件の変更の場面に当てはめ、使用者は就業規則の変更によって一方的に労働契約の内容である労働条件を労働者の不利益に変更することはできないことを確認的に規定した上で、法第10条において、就業規則の変更によって労働契約の内容である労働条件が変更後の就業規則に定めるところによるものとされる場合を明らかにしたものであること。

　これらの規定により、就業規則の変更によって生じる法的効果を明らかにし法的安定性を高めるとともに、使用者の合理的な行動を促すことを通じ、労働条件の変更に関する個別労働関係紛争の防止に資するようにすることとしたものであること。」と指摘している。

　規定の趣旨や解釈の仕方についてはそれなりに論じているが、契約法的なレベルではやはりわかりにくい説明である。ルールを明確にしたとはいっているが、その根拠は相変わらず不明確である。もっとも、労契法によって独自の就業規則法理を定めたと解することはできる。

　後者については、多くの裁判例があり、労契法10条に規定する「労働者の受ける不利益の程度、労働条件の変更の必要性、変更後の就業規則の内容の相当性、労働組合等との交渉の状況その他の就業規則の変更に係る事情」から個々的に合理性の判断をしている。とはいえ、基準と

しての明確性に欠け、結局裁判官の生の価値判断によらざるをえないことになる。予測可能性が欠如し実務的には使い勝手の悪さは否定できない。

この点につき論争らしいものは、(多数)組合の合意や賃金体系変更の合理性(たとえば、成果主義賃金体系の導入)をどう評価するかの問題である。いずれも就業規則法理の基本的在り方と関連する。なお、個別合意による就業規則規定排除の特約(契約法10条但し書き「労働契約において、労働者及び使用者が就業規則の変更によっては変更されない労働条件として合意していた部分については、第十二条に該当する場合を除き、この限りでない。」)についても契約法理の貫徹の観点からは重要と思われるが本格的な議論はなされていない(たとえば、個別合意直後の就業規則による変更事例、トライグループ事件・東京地判平成30.2.22労働経済判例速報2349号24頁)。

2 合理性の判断基準

労契法10条は合理性の判断基準のひとつとして、「労働組合等との交渉の状況」をあげており、多数組合の合意につきおおむね次のような判断が示されている(個別事案に応じたより詳細な判示内容については拙著『労働組合法の応用と課題』49頁参照)。

原則的な立場は、労使の利益が調整されたものとして合理性の基準となると明確に認める裁判例である。たとえば、第四銀行事件・最二小判(平成9.2.28労働判例710号12頁)は、「本件就業規則の変更は、行員の約90パーセントで組織されている組合(記録によれば、第一審判決の認定するとおり、50歳以上の行員についても、その約六割が組合員であったことがうかがわれる。)との交渉、合意を経て労働協約を締結した上で行われたものであるから、変更後の就業規則の内容は労使間の利益調整がされた結果としての合理的なものであると一応推測することができ、また、その内容が統一的かつ画一的に処理すべき労働条件に係るものであることを考え合わせると、被上告人において就業規則による一体的な変更を

図ることの必要性及び相当性を肯定することができる」と説示している。同様な判断を示す例は多い。

　とはいえ、多数組合の同意ゆえに合理性があるとまではいえず、合意理性判断のひとつのファクターにすぎないという裁判例もある。みちのく銀行事件・最一小判（平成12.9.7判例時報1733号17頁）は、賃金減額につき「行員の約73パーセントを組織する労組が本件第一次変更及び本件第二次変更に同意している。しかし、上告人らの被る前示の不利益性の程度や内容を勘案すると、賃金面における変更の合理性を判断する際に労組の同意を大きな考慮要素と評価することは相当ではないというべきである。」と説示している。

　さらに、多数組合が就業規則変更に反対した場合に変更の合理性が認められないかという問については必ずしもそうは解されていない。多数組合（函館信用金庫事件・最二小判平成12.9.22労働判例788号17頁）や少数組合（羽後銀行（北都銀行）事件・最三小判平成12.9.12労働判例788号23頁）が反対しても合理性を認める例もある。

　全体としては、多数組合の合意は合理性判断の重要な要素となるが、必ずしも決定的ではなく、また合意せず反対であることは必ずしも合理性を否定する事由にならないとされている。その点では、多数組合の意向の評価は片面的であり、組合の役割を使用者の「協賛」機関とみなしているともいえる。

　このように就業規則法制と団交制度とはそれほど関連づけられていない。学説・判例ともに関連づけるという認識は希薄である。その理由として、①就業規則の作成・変更についての労使協議の性質が「意見聴取」なのか「団交」なのか、②不利益変更の合理性の判断要素である「労働組合等との交渉の状況」をどう位置づけるか、③就業規則法制自体が労使自治とどう関係するか、等につき適切な議論がなされていないことをあげることができる。労組法レベルにおいて、就業規則問題についての規定はなく、またほとんど正面から議論されていないからでもある。この点のルールの明確化は緊急の課題である。しかし、明確化しない、もしくはできないところに就業規則法制の労使にとっての実際のメ

リットがあるのかもしれない。組合に一定の力量があれば実際には、「団交」を通じて影響力を行使することができ、場合によれば就業規則内容の変更も可能であった。さらに、このケースでは紛争化しないので外部からは見えにくく、組合内部手続きや組合執行部の責任体制も曖昧化しえたからである。労使関係のブラックボックスともいえる。

3　周知をめぐる課題

1）関連規定と裁判例

　労働条件決定に占める就業規則の役割からして、従業員に対する就業規則の周知はとても重要である。そこで、労基法106条は、「使用者は、この法律及びこれに基づく命令の要旨、就業規則、（中略）を、常時各作業場の見やすい場所へ掲示し、又は備え付けること、書面を交付することその他の厚生労働省令で定める方法によつて、労働者に周知させなければならない。」と定め、違反に対しては罰則（同法120条）を規定している。また、労基法施行規則52条の2は、「法第106第1項の厚生労働省令で定める方法は、次に掲げる方法とする。1号　常時各作業場の見やすい場所へ掲示し、又は備え付けること。2号　書面を労働者に交付すること。3号　磁気テープ、磁気ディスクその他これらに準ずる物に記録し、かつ、各作業場に労働者が当該記録の内容を常時確認できる機器を設置すること」と規定している。

　この周知については、労契法においても、7条の労働契約補充効や10条の不利益変更効との関連においても効力発生の要件とされおり、労基法レベルよりひろく次のように実質的周知で足りるとされている（「労働契約法の施行について」平成24.8.10基発0810第2号）。「労働者が知ろうと思えばいつでも就業規則の存在や内容を知り得るようにしておくことをいうものであること。このように周知させていた場合には、労働者が実際に就業規則の存在や内容を知っているか否かにかかわらず、法第7条の『周知させていた』に該当するものであること。なお、労働

基準法第106条の『周知』は、労働基準法施行規則（昭和22年厚生省令第23号）第52条の2により、①から③までのいずれかの方法によるべきこととされているが、法第7条の『周知』は、これらの3方法に限定されるものではなく、実質的に判断されるものであること。」

結局、労契法上の周知方法としては以下の4方法があるわけである。①書面の交付、②ネットによる伝達、③作業所での常置、④その他実質的周知。同時に、労働者が実際に就業規則の存在や内容を知っているか否かは問題にならない。

就業規則の交付やネットでの伝達についてはあまり疑義がないが、「常時各作業場の見やすい場所へ掲示し、又は備え付けること」については実務上多くの紛争が生じている。また、実質的周知になるとより抽象的な基準となり、明確性に欠ける。とりわけ、労働者が実際に就業規則の存在や内容を知っているか否かは問題にならないとされているのでますますそういえる。

就業規則のもつ重要性にもかかわらず周知に関する規定は基準としての明確性に欠け、また周知しなかったことの効果もはっきりしない。「周知」の目的はなにかという基本的問題関心も希薄である。実際には、個別ケースにおいて多様な紛争が生じているが、ここでは、基本的な問題点だけを指摘しておきたい。自分が働いている職場をイメージして一緒に考えてほしいテーマである。

まず、「労基法上の周知」は、職場集団へのそれなのである程度抽象的なルールでもやむをえない側面があり、106条自体にそれほど問題はない。むしろ注目すべきは、職場におけるワークルールを教示する点において重要な役割を期待されていることである。106条はもっと注目され、守られるべき規定といえる。なお、同条は、労基法自体や各種の労使協定についても周知を義務づけているがそれを遵守している例はそれほどないと思われる。

「労働契約上の周知」になると、実質的周知の有無もが争われ、それと就業規則の効力（拘束力）とが関連するのでもっと多くの問題がある。

まず、周知されていない就業規則の拘束力については、不利益変更効

との関連では拘束力がないとされている。また、契約内容補充効との関連においても、懲戒権行使について同様な判断が示されている。そのリーディングケースであるフジ興産事件では、懲戒解雇の効力が争われたが、その根拠となる就業規則が本社には常置されていたが被解雇者が所属している事業所になかったことが争点となった。最判（最二小判平成15.10.10労働判例861号5頁）は、「使用者が労働者を懲戒するには、あらかじめ就業規則において懲戒の種別及び事由を定めておくことを要する（最高裁昭和49年（オ）第1188号同54年10月30日第三小法廷判決・民集33巻6号647頁参照）。そして、就業規則が法的規範としての性質を有する（最高裁昭和40年（オ）第145号同43年12月25日大法廷判決・民集22巻13号3459頁）ものとして、拘束力を生ずるためには、その内容を適用を受ける事業場の労働者に周知させる手続が採られていることを要するものというべきである。」と判示して懲戒解雇を無効と判断した。それだけ周知の有無は重要である。

　他方、最低基準効については職場内における最低基準の設定を目的としているので、就業規則を作成しながら当該内容を「周知」していなければ効力がないというのは、義務不履行を使用者に有利に取り扱うことなのでアンフェアと思われる。禁反言の原則からも効力を認めるべきという議論も有力である。

　次に、周知の有無が争われるが、実際の裁判例は次のように錯綜している。具体的イメージをもつために近時の個別事案についてやや詳しく紹介しておきたい。とはいえ、類型化は困難である。

　実質的周知がなされなかったとみなされた例は以下である。規範を知っている人はいるが退職金規程は周知されていない（岡部製作所事件・東京地判平成19.11.26労働判例956号89頁ダイジェスト）、基本給減額規定が店舗になく周知されていない（シン・コーポレーション事件・大阪地判平成21.6.12労働判例988号28頁）、就業規則の変更自体を知らず周知もない（甲商事事件・東京地判平成27.2.18労働経済判例速報2245号3頁）、定年制を定める就業規則が就業場所にない（エスケーサービス事件・東京地判平成27.8.18労働経済判例速報2261号26頁）、専門業務型裁量労働制

に関する就業規則が周知されていない（乙山彩色工房事件・京都地判平成29.4.27労働判例1168号80頁）、出向手当に関する就業規則は常時知りうるものではない（グレースウイット事件・東京地判平成29.8.25労働経済判例速報2333号3頁）、被告会社の就業規則であることがはきりしない（河口湖チーズケーキガーデン事件・甲府地判平成29.3.14LEX/DB25545729）特定従業員の書面があっても周知とはいえない（PMKメディカルラボ事件・東京地裁平成30.4.18労働経済判例速報2355号18頁）等の多彩な判断が示されている。

　他方、実質的周知があるとみなされた例は以下である。組合への変更内容の通知があるので労基法上の周知がなくとも拘束力がある（クリスタル観光バス事件・大阪高判平成19.1.19労働判例937号135頁）、従業員が希望すれば就業規則を閲覧できた（キャンシステム事件・東京地判平成21.10.28労働判例997号55頁）、事務室に備え付けその旨説明していた（房南産業事件・横浜地判平成23.10.20労働経済判例速報2127号11頁）、納金計算テーブル横の点呼場黒板脇につり下げ、従業員に常時閲覧の機会を与えていた（日月東交通事件・東京地判平成25.1.17LEX/DB25500219）、無施錠のキャビネット内にありコピーも可能であった（冨士運輸事件・東京高判平成27.12.28労働判例1137号42頁）、従業員の確認可能な状況であった（南大阪センコー運輸整備事件・大阪地判平成28.4.28LEX/DB25542865）、事務所内の鍵のかかる保管庫の中にありだれもが鍵を使用できた（A不動産事件・広島高判平成29.7.14労働判例1170号5頁）等の判断が示されている。

　詳細な判断を示す例もあり、メッセ事件・東京地判（平成22.11.10労働判例1019号13頁）は、以下のように説示している。

　「本件当時〔1〕被告の本店所在地に所在するビルの5階には被告の社長室（以下「本件社長室」という。）及び経理室（以下「本件経理室」という。）があり、原告の席は、同ビルの4階にあったこと、〔2〕本件経理室の入口を入ってすぐ右手に、被告の従業員であるC及びDが使用している机（以下「本件机」という。）が設置されており、本件机上の視認状況は良かったこと、〔3〕被告は、本件机上に回転書棚を置き、こ

れに「就業規則」と記載したラベルを添付したボックスファイルを乗せ、その中に本件就業規則の写しを入れて常置していたこと、〔4〕原告を含む被告の従業員は、請求書の作成やタイムカードを取りに行くなどのため本件経理室に自由に出入りし、また、雇用関係の書類、履歴書等の受け渡しのため、Cを尋ねて本件机のところに赴くなどしていたことが認められる。

　以上によると、被告は、本件就業規則を常時各作業場の見やすい場所に備付けており、実質的に見て事業場の労働者に対して本件就業規則の内容を何時でも知り得る状態に置いていたものといえる。そして、このことは、前述の本件就業規則の保管方法からすると、Cが常時在席していたか否かによって左右されるものではない」。

　裁判になると周知の有無のような単純な問題さえ「ああでもない、こうでもない」と細かい詮索がなされている。過去の事実関係をふまえた後知恵の議論にほかならず、職場の話し合いで事前に解決する必要性を示す好例といえる。もっとも、紛争状態は法律ビジネスの母であるが。

2）どう考えるべきか

　労基法上の観点からは、就業規則周知の目的が職場における労働条件等を従業員に対し的確に知らせることにあるので、周知の仕方も誰もが常に身近なかたちで容易に知りうる方法によることが必要といえる。その点、労基法上の要請は一応相当といえる。ただ、「常時」「各作業場の」「見やすい場所へ掲示し、又は備え付ける」という要件はやはり明確性に欠ける側面がある。同時に、実際には労働者が就業規則の閲覧希望を示すことは、会社に対して不満をもっていることを示す側面がありリスクをともなうことが多い。したがって、「常時」「各作業場の」「見やすい場所へ掲示し、又は備え付ける」という要件を職場実態に応じて厳格に解するべきであろう。知ろうと思えば知り得ただけでは不十分である。

　次に、労契法上の周知概念については、周知の必要性がより大きくなるので労基法レベル以上の周知概念が必要とされよう。契約内容を的確

に理解するという観点（労契法4条）からは「周知」プラス個別の「了知」といえる。その理由は以下のとおりである。

　第1に、労働条件明示義務（労基法15条）、契約内容理解の促進（労契法4条1項）や書面確認の要請（同法4条2項）からも個別の了知がなされる必要がある。とりわけ、労契法7条の「周知」は、労働契約「締結時」を前提としているので、積極的に就業規則内容を知らしめる具体的アクションが必要と思われる。使用者にとって、就業規則を配布し、説明することはきわめて容易なので、「知り得るようにする」という周知概念に藉口してそのような努力をしないことは契約法理としては許されない。もっとも、就業規則なので内容についての合意までは必要とはいえない。就業規則内容について、周知、了知、合意の3つのレベルがあり、少なくとも了知は必要とされよう。

　第2に、労基法レベルの周知がなされていたといっても、実際に就業規則にアクセスすることは困難な場合が多い。机上の就業規則を実際に見るのにはかなりの「勇気」がいるケースもある。個別事案においてどの程度就業規則が読まれもしくは回覧され実際に広く周知されていたのか、実質的には了知レベルの理解が重要である。このような観点は、固定残業制をめぐる契約内容の理解につき、内容の明確性を重視する裁判例（グレースウイット事件・東京地判平成29.8.25労働経済判例速報2333号3頁、ビーダッシュ事件・東京地判平成30.5.30労働経済判例速報2360号21頁）として具体化している。

　第3に、労契法10条にいう「周知」になると、集団的だけではなく個々の労働者に対しても不利益変更の必要性やその程度等を説明することも必要になり、就業規則内容の個別的了知は不可欠となる。近時、契約変更時や業務命令発出時の合意の「真意性」を問題にする裁判例が多く、そこでは適切な情報提供や説明が重視されている（山梨県民信用組合事件・最二小判平成28.2.19労働判例1136号6頁等）。しかし、判例法理はこと就業規則レベルになると労働者の理解や納得ではなく実質的周知レベルの議論でお茶を濁しており契約法理としても一貫性に欠ける。合意に比較して就業規則内容は使用者が一方的に決め、強力な効力もあ

るのでより丁寧・実質的な周知・説明義務がある。

4　就業規則法制の限界

　労働条件を集団的に変更する場合に頻繁に利用されているのは就業規則である。とはいえ、労働条件の一方的決定システムである就業規則「法制」には次のような基本的問題もある。法理の精緻さを競うよりも制度設計や契約解釈の際に押さえておきたい事柄である。

　第1は、労基法は詳細な労働条件につき就業規則で記載することを義務づけていることである（89条）。最低基準効（12条）との関連では網羅的な規定の必要性は、多様な労働条件を下支えする意味でよく理解できる。他方、就業規則の規定が網羅的に整備されればされるほど労務管理の基礎となるルールも就業規則中心になり、就業規則さえあれば実務的に万全と思うようになる。それによって労働条件や労務管理ルールを、使用者が一方的にかつ詳細に決めることができるからである。労働契約法理の形骸化をもたらすことになり、次のような具体的な弊害もみられる。

　その1として、労働契約の中核的な部分や人権にかかわる事項についても一方的決定が助長される。前者については、契約形態を雇用から委任に変更するルール、基本給を使用者が一方的に決定・変更するルール等が想定される。この規定を「合理性」に欠ける（労契法7条）として処理することもできるが、より原理的には就業規則で定めることができる事項かこそが問われるべきものと思われる。

　その2として、賃金体系の不利益変更紛争に適用することに疑義がある。最近、年功的賃金体系から職能的もしくは成果主義的賃金体系に変更する事案が増加しており裁判例はおおむね不利益変更の合理性を認めている（ハクスイテック事件・大阪地判平成12.2.28労働判例781号43頁、大阪高判平成13.8.30労働判例816号23頁、ノイズ研究所事件・東京高判平成18.6.22労働判例920号5頁、最二小決平成20.3.28労働経済判例速報2000号22頁、トライグループ事件・東京地判平成30.2.22労働経済判例速

報2349号24頁等）。これらの裁判において労務管理上の要請をストレートに法律論に持ち込む傾向が見られ、ここでも合意の契機が後退している。

　このような賃金体系の変更は、賃金額だけではなく、要求される働き方の変更をも意味する。また、変更時点においては、新制度の適用により個々人につき賃金額がどの程度変動するかも不明である。不利益性の程度がはっきりしないので就業規則の不利益変更法理によって適切に処理しうるかはやはり疑問である。

　第2は、集団性に見合った紛争処理システムの欠如である。就業規則をめぐる紛争は実際は集団的側面があるが、集団紛争に見合った独自の訴訟システムはなく、通常の民事訴訟で処理している。不利益変更の合理性の判断基準も、変更の必要性は経営上の理由とされる一方、不利益の程度は原告個人に着目している。実際には、変更の適否とその適用という2段階での判断となっているわけである（朝日火災海上保険事件・最三小判平成8.3.26労働経済判例速報1591号3頁）。したがって、対象者・適用の仕方によって合理性判断が異なる場合はあり、最終的には個々人ごとの判断となる。

　集団性に見合った紛争処理システムとしては、独自の形態での集団訴訟（たとえば、「消費者の財産的被害の集団的な回復のための民事の裁判手続きのための特例に関する法律」参照）が想定されるが、立法化の動きさえない。現行法上は複数の原告からなる共同訴訟や2次・3次訴訟のパターン（たとえば、みちのく銀行（第二次、第三次訴訟）事件・青森地判平成17.3.25労働判例894号66頁）が考えられるぐらいである。

　また、就業規則の作成段階の紛争については、労調法上の斡旋の利用も考えられる。しかし、「就業規則の作成」については斡旋内容の職場全体に対する影響力から労働者サイドにつきその代表性に問題がある。それゆえ申請組合の意向だけで適切な斡旋ができるわけではない。

　争い方との関係では、就業規則の変更とその適用につき一定の時間的経過がある場合に、就業規則の不利益変更自体の効力（もしくは拘束力）を独自に争うことができるかは問題になる。たとえば、退職金の不利益

変更を「退職前」に争うケースである。具体的な紛争状態になる前に確認の利益があるかが問題になり、通常は認められにくく、退職時でなければ認められないという判断が示されている（ハクスイテック事件・大阪高判平成13.8.30労働判例816号23頁、クリスタル観光バス事件・大阪地判平成18.3.29労働判例919号42頁）。就業規則変更の当否自体を確認訴訟で争うことができず、あくまで特定時点における個々人の利害との関係での処理がなされているわけである。同時に、不利益変更の合理性を変更時、適用時のどの時点で判断すべきかも問題になる。

以上のように、就業規則の作成・適用のいずれについても集団性に見合った処理システムに欠けるわけである。この点について職場集団の意向を重視すべきならば、紛争処理システムについても個別契約上の処理以外に集団性に見合ったなんらかの工夫（集団訴訟・確認訴訟、ADR）が必要と思われる。

第3は、労使自治の大幅な後退である。労基法や労契法は就業規則の作成・変更等につき労働組合の一定の関与を次のように定めているがきわめて不十分である。

その1として、就業規則の作成変更につき、「使用者は、就業規則の作成又は変更について、当該事業場に、労働者の過半数で組織する労働組合がある場合においてはその労働組合、労働者の過半数で組織する労働組合がない場合においては労働者の過半数を代表する者の意見を聴かなければならない。」（労基法90条1項）と規定している。しかし、協議ではなく意見聴取にすぎない。

その2として、不利益変更の合理性の要素として、「労働者の受ける不利益の程度、労働条件の変更の必要性、変更後の就業規則の内容の相当性、労働組合等との交渉の状況その他の就業規則の変更に係る事情」をあげている（労契法10条）。労働組合に限定していないが「労働組合等との交渉の状況」として、労働者集団の意向に配慮しているにもかかわらず、どの程度のウエイトかははっきりしない。判例法上、労働者集団がはっきり反対した場合でも、その事実はそれほど重視されていない。

その3として、労働協約との関連につき、労基法92条は「1項　就

業規則は、法令又は当該事業場について適用される労働協約に反してはならない。2項　行政官庁は、法令又は労働協約に牴触する就業規則の変更を命ずることができる。」と定めている。同時に労契法13条は「就業規則が法令又は労働協約に反する場合には、当該反する部分については、第7条、第10条及び前条の規定は、当該法令又は労働協約の適用を受ける労働者との間の労働契約については、適用しない。」と定めている。明確な協約規定がある場合には、就業規則との関係における優先が規定されているが、協約関係の解消自体は制約されていない。

　他方、労組法自体には就業規則に特化した規定はない。就業規則の作成・変更は労働条件の変更システムのひとつにほかならないとして、労働組合がそれに関与する事態については、あくまで労組法上の紛争として対処している。

　全体として、就業規則の不利益変更をめぐる紛争は結局労契法10条にもとづき解釈され、最終的には、裁判官の価値判断によることにならざるをえない。ここでも労使自治が後退し、ある種のリーガリズムが現れている。

　ただ注目すべきは、就業規則が使用者サイドだけでなく労働組合サイドにとっても実際に使い勝手がよい側面があることである。つまり、多数組合に交渉力があれば就業規則内容に一定のコントロールが可能である。場合によれば、不利益変更を回避するもしくは不利益の度合いを少なくすることができ、一定の「交渉」は可能となる。その場合には、協約締結を前提とした組合内部手続きを回避しうる余地があり、組合執行部の責任をはっきりさせなくともよいという組合サイドの「メリット」がある。一方、不満のある組合員は個人の立場で独自に裁判を提起でき、「合理性」の有無の観点から裁判所によるチェックが可能となる。裁判所による司法審査という歯止めがあるわけである。よくできた（？）集団的労働条件決定システムといえるかもしれない。

　とはいえ、このような事態は組合民主主義の観点からすれば、労使のボス交を促進し、組合を弱体化する側面もあり、協約自治を形骸化するおそれが大である。実際にも協約規制を回避し就業規則による一方的労

働条件の決定をめざす事態が生じている（リオン事件・東京地立川支部判平成29.2.9労働判例1167号20頁。この点については、拙著『労働組合法の応用と課題』95頁以下参照）。

第5章

採用時の駆け引き

　大学の4年次の講義やゼミは、学生が落ち着かない。入社試験や面接によって欠席する学生が多く、なかには欠席を当然の権利とみなす者もいる。しかし、4年次は学部教育の総仕上げであり、一定の力量での卒業を目指すことになるとやはりゆゆしき事態である。実際には、あきらめている先生が多いが。私は、勉強は学生の仕事なのでゼミに出席できなくとも報告はメールで提出させていた。そのぐらいできなければ会社で勤めることができないからである。
　社会経験の少ない学生に法律の講義をすることは容易ではない。それでも働くことは身近な問題であり、アルバイトの経験者も多いので職場実態や紛争状態をそれなりに理解しやすい。とりわけ、採用過程の法律問題については自分たちが実際に直面しているのでリアルな講義をしやすいテーマである。それを知っていれば就職に有利になるわけではないが、トラブルの回避やトラブルが発した場合の対処にはプラスになるからである。
　労働契約の締結過程においては、会社による募集から本採用に至るまでに、会社による募集→労働者による応募→採用試験・面接→内定通知→（内定期間）→入社→（試用期間）→本採用、という過程をたどるのが一般的である。この過程において法的には、採用の自由、労働契約の成立時期・内容、内定の取消事由、試用期間の意味、本採用の拒否事由等が争われる。この点についてはリーディングケースとなる最高裁判例（三菱樹脂事件・最大判昭和48.12.12判例時報724号18頁、大日本印刷事件・最二小判昭和54.7.20労働判例323号19頁）があり、判例法理が確立している。

前者の三菱樹脂事件・最判は、採用過程をめぐる基本判例として現在でもよく引用される。しかし、面接や労務管理の実情からしてリアリティに欠ける発想がみられる。そこで本章では、採用過程の法律問題を解説し、三菱樹脂事件・最大判についてはやや詳しく批判的に検討したい。ここではどのような人が「管理職要員」として適切かという興味深い論点も提起されているからである。

採用過程については労働条件の決定過程にほかならないが、近時それがどの段階でどう決まったについて紛争が増加する傾向にある。この過程は交渉力の不均衡がはっきりと現れるので、一定の法的な関与が不可欠なテーマであり、ここで検討しておきたい。

1　採用過程の法律問題

1）採用の自由

だれを採用するかは原則として使用者の自由である。では、採用の自由について制約はまったく許されないのか。労基法3条は信条等を理由とする労働条件上の差別を禁止しているが、同条が採用にも適用されるかが争われ、最高裁は、同条は雇入れそのものを制約する規定ではないと明確に判示した（三菱樹脂事件・最大判）。採用の自由は広範に認められたわけである。

もっとも、男女雇用機会均等法5条は、「事業主は、労働者の募集及び採用について、その性別にかかわりなく均等な機会を与えなければならない」と規定し、性を理由とする採用差別をはっきりと禁止するに至った。また、採用時の年齢差別（労働施策総合推進法9条）や組合活動を理由とする差別（労組法7条）も禁止されている（青山会事件・東京高判平成14.2.27労働判例824号17頁、最三小決平成16.2.10労働判例868号98頁）。この採用差別については、具体的に差別の存在をどう立証すべきか、また、差別に対しどのような救済が可能かの難問は残されている。

では採用面接において、使用者はどのような質問でもできるか、また

労働者はどのような事項を告知しなければならないか。とくに、政治的問題やセクハラ、プライヴァシーを侵害するような質問がなされた場合に問題になる。それに答えない自由はほとんどないのでそれをチェックすることは困難である。

もっとも、制度的に一定のチェックはなされている。たとえば、労働者に対する性別を理由とする差別の禁止等に関する規定に定める事項に関し、事業主が適切に対処するための指針（平成25.12.24厚労省告示382号）は、募集または採用にあたり男女のいずれかを優先している例として、「採用面接に際して、結婚の予定の有無、子供が生まれた場合の継続就労の希望の有無等一定の事項について女性に対してのみ質問すること」をあげている。また、後述するように個人情報保護法上の要請もある（同法2条3項の「要配慮個人情報」）。

2）労働契約の成立

採用過程での主要論点は、いつどのような契約が成立するかである。判例法理は、企業の労働者募集を「契約の誘引」（応募＝申込みをするよう誘うこと）、応募を労働者からの「申込み」、それに対する会社の内定を「承諾」と構成している（大日本印刷事件・最二小判昭和54.7.20労判例323号19頁）。申込みと承諾で合意が成立するので、内定通知段階で労働契約は成立している。内定通知後、労働者が誓約書等を提出することが必要ならば、その時点で成立したといえる。「内定」でもさらに「内々定」という表現でも法的には確定的合意である。

では、次にどのような内容の契約が成立するか。この点については、「解約権留保就労始期付き」（前掲大日本印刷事件・最大判）と「解約権留保効力始期付き」（電電公社近畿電通局事件・最二小判昭和55.5.30判例時報968号114頁）、の2つの見解が示されている。なにやらごちゃごちゃしているが、「解約権留保」とは、相当な理由があれば解約、つまり内定を取り消すことができるという趣旨である。次に、「就労始期」と「効力始期」の違いはどうか。前者によれば、契約の効力は締結時に発生しているが就労するのは4月1日からであり、後者によると4月1日

から効力が発生しその時点から就労することになる。もっと具体的に説明すると、後者のように内定段階では効力が発生していないと考えると、その時点では会社の就業規則等は適用されないので、解約、つまり取消をなしうる幅がより広くなると一応いえる。もっとも、最高裁は、どの程度意図して2つの見解を示したかははっきりしない。

いずれにしても、内定段階で労働契約は成立する。また、内定の意思表示は、書面でも口頭でもよい。ただ、口頭の場合は、紛争状態が発生したときにはその立証が困難となるので書面化がより適切といえる。なお、公務員については、採用行為は要式行為（特定の要式をとらなければ効果が発生しない。結婚についての婚姻届と同じ）とされているので辞令交付があるまで公務員たる地位は認められていない（東京都建設局事件・最一小判昭和57.5.27判例時報1046号）。もっとも、内定の不当な取消は違法として国家賠償の対象となる。

3）内定の取消事由

内定段階であっても、契約は成立しているので、取消は解雇に準じて取りあつかわれている。それ相当の事由がなければ取消は許されないわけである。前掲大日本印刷事件・最大判は、「採用内定当時知ることができず、また知ることが期待できないような事実」であって、解約権留保の趣旨に照らして「客観的に合理的と認められ社会通念上相当として是認することができる」事由とした。

具体的には、面接時のグルーミーな印象を打ち消す材料がその後出なかったことは相当な取消事由とされず（前掲・大日本印刷事件）、デモ参加で逮捕されたことは相当な事由とされている（前掲・電電公社事件）。また、宣伝会議事件において、研修命令拒否を理由とする内定取消の当否が争われた。東京地判（平成17.1.28労働判例890号5頁）は、博士論文作成のためにやむをえなかったとして取消を無効とした。学生の本分はやはり勉強・研究である。

一般的に相当とされる内定取消事由は次のような場合であり、実際には⑤のケースが多い。

①　卒業不能
②　誓約書・履歴書への不実記載
③　健康診断に基づく就労不適格
④　人員の余剰
⑤　従業員としての不適格事由の判明

　他方、学生からの内定辞退は、労働者からの解約、つまり退職と評価されるので、相当な予告さえあれば違法とはならない。ただ、相当な理由なくして予告時期が著しく遅れた場合には会社からの損害賠償が認められる余地がある。

4）契約内容の明示・特定

　内定段階で契約が成立するので、その時点もしくは出社までに労働契約内容の特定が必要になる。労基法は労働条件明示義務および主要な労働条件についての書面化を定め（15条）、労契法4条は、労働条件の書面化による確認を要請している。さらに、労働者募集については職安法上の労働条件等の明示（5条の3）の規定がある。

　では、募集段階において表示された労働条件とその後の面接時で示された労働条件が異なる場合はどうなるか。求人票記載の労働条件は原則として労働契約上のそれになると解されている。たとえば、千代田工業事件・大阪高判（平成2.3.8労働判例575頁59頁）は、職安法18条の主旨をふまえ「求人票の真実性、重要性、公共性等からして、求職者は当然求人票記載の労働条件が雇用契約の内容になるものと考えるし、通常求人者も求人票に記載した労働条件が雇用契約の内容になることを前提としていることに鑑みるならば、求人票記載の労働条件は、当事者間においてこれと異なる別段の合意をするなど特段の事情がない限り、雇用契約の内容になるものと解するのが相当である。」と判示している（福祉事業者A苑事件・京都地判平成29.3.30労働判例1164号44頁も同旨。事案の特異性にもよるが異なった見解もある。藍澤證券事件・東京地判平成21.9.28労働判例1011号27頁）。

　ただ、面接時に求人票と異なった明確な合意をしたならばデリケート

な問題が発生する。この場合も、真意性に問題があるとして求人票記載の労働条件によると思われる。たとえば、前掲・福祉事業者A苑事件・京都地判は、労働条件通知書による合意の効力につき次のように説示している。

「本件労働条件通知書は、被告代表者がその主要な内容を相応に説明した上で、原告が承諾するとして署名押印したものであるものの、被告代表者が求人票と異なる労働条件とする旨やその理由を明らかにして説明したとは認められず、他方、被告代表者がそれを提示した時点では、原告は既に従前の就業先を退職して被告での就労を開始しており、これを拒否すると仕事が完全になくなり収入が絶たれると考えて署名押印したと認められる。

これらの事情からすると、本件労働条件通知書に原告が署名押印した行為は、その自由な意思に基づいてされたものと認めるに足りる合理的な理由が客観的に存在するとは認められないから、それによる労働条件の変更について原告の同意があったと認めることはできない。」

5）変る試用期間の意味

入社後に3か月間もしくは6か月間の試用期間があることが多い。試用期間の目的は、実際に就労させなければわからない職務上の適性や能力を審査するためであり、問題がなければ期間経過後に本採用となる。職務不適格だということになると本採用の拒否、すなわち解雇がなされる。

では、どのような場合に、本採用を拒否できるのか。前掲三菱樹脂事件・最大判は、「採用決定後における調査の結果により、または試用中の勤務状態等により、当初知ることができず、また知ることが期待できないような事実を知るに至った場合」において、雇用を継続するのが不適当と判断する相当な事由がある場合と判示している。本採用拒否は実質は解雇であり、この解雇事由は、採用内定取消事由より広いが、本採用後の事由よりは制限されるわけである。

また、まったく適性がない場合は、試用期間経過を待つことなしに内

定期間中に解雇がなされることさえある（たとえば、総務関係業務遂行者としての資質を欠くとされた空調服事件・東京高判平成28.8.3労働判例1145号21頁、最一小決平成29.1.19労働判例1160号97頁）。

　実際に、試用期間中に職務上の適性に欠けるという判断をなすことはかなり困難と思われる。とりわけ新人に対しては、職務上の訓練や研修を通じて徐々に職務能力を付与しているからである。試用期間段階で、はっきり適性に欠けるという判断をなしうるのはよほど職務能力に欠けており改善の見込みがない場合であろう。

　とりわけ、新規学卒者のケースでは、事前面接等で一定の評価がなされているので、試用期間制度は形骸化している。本採用拒否がなされるのはよほどの場合である。しかし、近時転職事例が増加したために、試用期間を利用して職務能力を評価するニーズが増大している。採用過程で十分な審査がなされず、かつ即戦力が期待される職種についてそういえる（たとえば、シニアマネージャー。キングスオート事件・東京地判平成27.10.9労働経済判例速報2270号17頁）。降格による対処が期待されないからでもある。

　ところで、神戸弘陵学園事件では、新規採用の高校教諭に対する期間満了を理由とする雇用関係の解消の適否が争われた。試用期間の意義が問題となったわけである。最高裁（最三小判平成2.6.5労働判例564号7頁）は、1年間は形式は契約期間であっても、その目的からして試用期間と判示した。試用期間ということになると、期間満了だけで契約関係が終了せず、本採用の拒否事由の相当性が問題になる。

2　人を見抜く難しさ──三菱樹脂事件の提起するもの

1）三菱樹脂事件とは

　本件の事実関係および裁判例のアウトラインは以下のとおりである（本件について、原告サイドからの記録として、髙野不当解雇撤回対策会議『石流れ木の葉沈む日々』労働旬報社、1977年、がある）。事案は古いが提

起している問題は現代的でもある。

　原告（X）は、東北大学在学中昭和37年被告会社（Y）の実施した大学卒業者の社員採用試験に合格し、翌年同大学卒業と同時に試用期間を設けて採用されたが、右試用期間の満了直前に、Yから本採用を拒否する旨の告知を受けた。その理由は、Yが採用試験の際に提出を求めた身上書の所定の記載欄にXが虚偽の記載をし、または記載すべき事項を秘匿し、面接試験における質問に対しても虚偽の回答をしたことが民法96条にいう詐欺に該当し、また被上告人の管理職要員としての適格性を否定するものであるからというものであった。秘匿した内容は、在学中に活発な自治会活動や生活協同組合活動をしたことであった。そこで、Xは本採用拒否は無効であるとして地位確認等を求めた。

　一審（東京地判昭和42.7.17労民集18巻4号766頁）は、本採用拒否（解雇）は権利濫用で無効とし、控訴審（東京高判昭和43.6.12労民集19巻3号791頁）も以下のように説示して控訴を棄却した。

　本件において、「右秘匿し、虚偽の申告をしたと主張する事実が第一審原告の政治的思想、信条に関係のある事実であることは明らかであるから、これを入社試験の際秘匿することは許さるべきであり、従って、これを秘匿し、虚偽の申告をしたからといって、詐欺にも該当しないし、第一審被告の申告を求める事項について虚偽の申告をした場合は採用を取消すべき旨予告されていても、これを理由に雇傭契約を解約することもできないものと解するのが相当である。すなわち、人の思想、信条は身体と同様本来自由であるべきものであり、その自由は憲法第19条の保障するところでもあるから、企業が労働者を雇傭する場合等、一方が他方より優越した地位にある場合に、その意に反してみだりにこれを侵してはならないことは明白というべく、人が信条によって差別されないことは憲法第14条、労働基準法第3条の定めるところであるが、通常の商事会社においては、新聞社、学校等特殊の政治思想的環境にあるものと異なり、特定の政治的思想、信条を有する者を雇傭することが、その思想、信条のゆえに直ちに、事業の遂行に支障をきたすとは考えられないから、その入社試験の際、応募者にその政治的思想、信条に関係の

ある事項を申告させることは、公序良俗に反し、許されず、応募者がこれを秘匿しても、不利益を課し得ないものと解すべきである。」

一方、最高裁は、本件において「解雇しうる客観的に合理的な理由」があるかを問題にして、以下のように説示している。

学生運動参加調査の意味につき、「企業者が労働者について過去における学生運動参加の有無を調査するのは、その者の過去の行動から推して雇入れ後における行動、態度を予測し、その者を採用することが企業の運営上適当かどうかを判断する資料とするためであるが、このような予測自体が、当該労働者の過去の行動から推測されるその者の気質、性格、道徳観念等のほか、社会的、政治的思想傾向に基づいてされる場合もあるといわざるをえない。本件において上告人が被上告人の団体加入や学生運動参加の事実の有無についてした上記調査も、そのような意味では、必ずしも上告人の主張するように被上告人の政治的思想、信条にまったく関係のないものということはできない。しかし、そうであるとしても、上告人が被上告人ら入社希望者に対して、これらの事実につき申告を求めることが許されないかどうかは、おのずから別個に論定されるべき問題である」ととらえた。

それをふまえ本件につき以下のように説示し、事件を東京高裁へ差し戻した。

「企業者が雇傭の自由を有し、思想、信条を理由として雇入れを拒んでもこれを目して違法とすることができない以上、企業者が、労働者の採否決定にあたり、労働者の思想、信条を調査し、そのためその者からこれに関連する事項についての申告を求めることも、これを法律上禁止された違法行為とすべき理由はない。もとより、企業者は、一般的には個々の労働者に対して社会的に優越した地位にあるから、企業者のこの種の行為が労働者の思想、信条の自由に対して影響を与える可能性がないとはいえないが、法律に別段の定めがない限り、右は企業者の法的に許された行為と解すべきである。また、企業者において、その雇傭する労働者が当該企業の中でその円滑な運営の妨げとなるような行動、態度に出るおそれのある者でないかどうかに大きな関心を抱き、そのために

採否決定に先立ってその者の性向、思想等の調査を行なうことは、企業における雇傭関係が、単なる物理的労働力の提供の関係を超えて、一種の継続的な人間関係として相互信頼を要請するところが少なくなく、わが国におけるようにいわゆる終身雇傭制が行なわれている社会では一層そうであることにかんがみるときは、企業活動としての合理性を欠くものということはできない。のみならず、本件において問題とされている上告人の調査が、前記のように、被上告人の思想、信条そのものについてではなく、直接には被上告人の過去の行動についてされたものであり、ただその行動が被上告人の思想、信条となんらかの関係があることを否定できないような性質のものであるこというにとどまるとすれば、なおさらこのような調査を目して違法とすることはできないのである」。

「企業者が、労働者の採用にあたって適当な者を選択するのに必要な資料の蒐集の一方法として、労働者から必要事項について申告を求めることができることは、さきに述べたとおりであり、そうである以上、相手方に対して事実の開示を期待し、秘匿等の所為のあった者について、信頼に値しない者であるとの人物評価を加えることは当然であるが、右の秘匿等の所為がかような人物評価に及ぼす影響の程度は、秘匿等にかかる事実の内容、秘匿等の程度およびその動機、理由のいかんによって区々であり、それがその者の管理職要員としての適格性を否定する客観的に合理的な理由となるかどうかも、いちがいにこれを論ずることはできない。また、秘匿等にかかる事実のいかんによっては、秘匿等の有無にかかわらずそれ自体で右の適格性を否定するに足りる場合もありうるのである。してみると、本件において被上告人の解雇理由として主要な問題とされている被上告人の団体加入や学生運動参加の事実の秘匿等についても、それが上告人において上記留保解約権に基づき被上告人を解雇しうる客観的に合理的な理由となるかどうかを判断するためには、まず被上告人に秘匿等の事実があったかどうか、秘匿等にかかる団体加入や学生運動参加の内容、態様および程度、とくに違法にわたる行為があつたかどうか、ならびに秘匿等の動機、理由等に関する事実関係を明らかにし、これらの事実関係に照らして、被上告人の秘匿等の行為および

秘匿等にかかる事実が同人の入社後における行動、態度の予測やその人物評価等に及ぼす影響を検討し、それが企業者の採否決定につき有する意義と重要性を勘案し、これらを総合して上記の合理的理由の有無を判断しなければならないのである」。

2）最高裁判断への疑問

　原審たる東京高裁判決と最高裁判決は際だった対立を示している。原審は、学生運動は思想信条に関連するので会社はこのような事項を面接時において質問ができないという立場である。他方、本判決は、思想信条に関連した事項であっても労使間の相互信頼の観点から一定の質問ができるとし、秘匿の内容や経緯によって管理職要員としての適格性に問題がある余地があると解した。その後再戻し審において和解が成立し、Xは復職した。

　この最高裁判断は、ほぼ50年前の事案であるがその後の同種事案のリーディングケースとなり頻繁に引用されている（たとえば、JRの採用差別事件）。しかし、以下のように多くの疑問がある。

　その1は、就職しようとする学生を逃げ場のない立場におく結果となることである。つまり、①使用者には広範な採用の自由があり、労基法3条は採用時には適用されない、②採用過程において思想信条に関係する事項であっても質問等ができる、③当該質問に対し虚偽の申告・回答をした場合には解雇の余地がある、との論理となる。こうなると、学生運動等をしていた学生に対して関連した質問がなされた場合には、3つの選択肢しか残らないと思われる。正直に申告・回答し不採用のリスクを負うか、虚偽の申告・回答をしてその後解雇されるかもしれないリスクを負うか、また答えないで不採用のリスクを負うかである。これは、学生運動にかぎらず政治活動や宗教活動についても同様な状況になる。政治活動等に理解のある寛容な会社は別として、学生運動するような輩はトラブルメーカーになるかもしれないとして排除する傾向があるのでまったく悩ましい事態である。企業の採用担当者の模範解答を聞きたいものである。

とりわけ虚偽回答はその内容にもよるが経歴詐称として、それが判明した段階で懲戒解雇のおそれがある。実際に、経歴詐称事案は思想信条ではなく、学歴や職歴の例が多く、就業規則上の「重大な経歴の詐称」に当たるかが争われる（労働能力の詐称が認められた例としてKPIソリューションズ事件・東京地判平成27.6.2労働経済判例速報2257号3頁がある）。また、「詐称」という評価の前提として労働者に真実告知義務があるかも問題になる。裁判例はそれを肯定しており、たとえば炭研精工事件・東京高判（平成3.2.20労働判例592号77頁）は、「使用者が、雇用契約の締結に先立ち、雇用しようとする労働者に対し、その労働力評価に直接関わる事項ばかりでなく、当該企業あるいは職場への適応性、貢献意欲、企業の信用の保持等企業秩序の維持に関係する事項についても必要かつ合理的な範囲内で申告を求めた場合には、労働者は、信義則上、真実を告知すべき義務を負うというべきである」と判示している。

もっとも、プライヴァシーに関することについては例外とする見解も示されている。学校法人尚美学園事件・東京地判（平成24.1.27労働判例1047号5頁）は、「採用を望む応募者が、採用面接に当たり、自己に不利益な事項は、質問を受けた場合でも、積極的に虚偽の事実を答えることにならない範囲で回答し、秘匿しておけないかと考えるのもまた当然であり、採用する側は、その可能性を踏まえて慎重な審査をすべきであるといわざるを得ない。大学専任教員は、公人であって、豊かな人間性や品行方正さも求められ、社会の厳しい批判に耐え得る高度の適格性が求められるとの被告の主張は首肯できるところではあるが、採用の時点で、応募者がこのような人格識見を有するかどうかを審査するのは、採用する側である。それが大学教授の採用であっても、本件のように、告知すれば採用されないことなどが予測される事項について、告知を求められたり、質問されたりしなくとも、雇用契約締結過程における信義則上の義務として、自発的に告知する法的義務があるとまでみることはできない。」と判示した。

以上のような視点からは、思想信条に関する事項も、秘匿するニーズが高く、労基法3条の法意からして申告しない利益が認められよう。同

時に、同種事項について申告を求めることも許されないと思われる。もっとも、聞かれもしないのに虚偽の申告をすることはそれ自体信頼を損ねる行為といえよう。そもそも、学生運動をしていたぐらいで同人につき適切な人材育成ができないならば、それこそ上司に適格性がないといえる。

さらに、現代では個人情報保護法上の要請もある。同法2条3項は、「要配慮個人情報」を「本人の人種、信条、社会的身分、病歴、犯罪の経歴、犯罪により害を被った事実その他本人に対する不当な差別、偏見その他の不利益が生じないようにその取扱いに特に配慮を要するものとして政令で定める記述等が含まれる個人情報をいう。」と定義し、また、17条は原則として「あらかじめ本人の同意を得ないで、要配慮個人情報を取得してはならない」と定めている。もっとも、雇用関係では同意の取り方は問題になる。さらに、職業安定法5条の4および労働省告示141号（平成11年11月17日）が求職者等の個人情報の取扱について同種規定をおいている。

その2は、管理職要員として不適という評価に関する。採用面接時にこのような質問をされた場合にどう答えるのが管理職要員として適切なのか。前述したようにこれは必ずしも簡単な問題ではない。正直に回答することは人間的には信頼に値するといえても、管理職要員として適切かはやはり疑問である。正直言ってよくわからない。

また、管理職要員として不適だとしても、これは管理職にしなければいいことである。労働者には、「管理職昇進請求権」などはないからである。本件の虚偽申告が正当な解雇事由とは到底思われない。

第6章

業務命令権は絶対か

　労働契約を他の労務提供契約と区分するポイントは、使用者の指揮命令（業務命令）下で働くか否かである。そこで、ここでは労働契約上の権利・義務について概観し、業務命令権の法理を、配転事案を中心に考えてみたい。

　この業務命令権は、使用者の権力の現実的な現れであり、懲戒権と相まって労使間の権力構造の基盤を形成する。業務命令下にあるということは従属性（他人決定労働）の鍵となる概念であり、労働者の自主性や自立の要請とは対立する側面がある。「労働者」として労働法上の保護が必要ならば従属性に甘んじろということになりがちである。

1　労働契約上の主要な権利義務

　労契法2条1項は、「この法律において『労働者』とは、使用者に使用されて労働し、賃金を支払われる者をいう。」と定め、労務提供と賃金支払いが対価関係にあるとしている。労働者からすれば賃金請求が権利であり、労務提供が義務ということになる。労働契約は、それ以外に多様な権利・義務からなっており（包括性）、多くの労働者につきほぼ同一の基準が用いられ（集団性）かつ一定の期間継続する（継続性）特質を有する。

　労働契約の具体的内容は当事者の対等な立場による合意に基づき（労基法2条、労契法3条1項）、さらに相互理解によることが要請されている。つまり、労基法15条は契約締結の際の労働条件の明示を、また労契法4条は、「第1項　使用者は、労働者に提示する労働条件及び労働

契約の内容について、労働者の理解を深めるようにするものとする。第2項　労働者及び使用者は、労働契約の内容（期間の定めのある労働契約に関する事項を含む。）について、できる限り書面により確認するものとする。」と定めている。

　とはいえ、実際には労使間の交渉力の違いによって「対等な立場」による意思決定は困難である。はっきりいえば不可能に近い。また、合意の在り方についても、労働条件を明確に（明示の合意や書面によって）決定すること以外に諸般の事情、たとえば職場慣行や労使慣行から黙示の合意を推定することも少なくない。他方、最近の裁判例は意思の「真意性」を問題にするケースもあり、使用者の説明の仕方や労働者が納得して合意したかが争われることが一般化している。全体的に、労使間の合意をめぐる議論は混乱状況にある。

　さらに、労働条件は、使用者が一方的に定める就業規則によって詳細に規定されるのが一般的であり、就業規則内容が契約内容になると定められている。この就業規則の規定については周知とともに内容の合理性が前提になっているが（労契法7条）、この点についてはほとんど本格的に論じられていない（最近の例として、日本郵便事件・最二小判平成30.9.14労働判例1194号5頁）。しかし、就業規則のもつ役割が肥大化しているので7条の合理性をどう判断するか、より厳格に解釈すべきかは今後の重要な課題と思われる。

1）労働者の権利

　労働者の権利としては、賃金請求権がその中核である。労基法11条は、賃金を「賃金、給料、手当、賞与その他名称の如何を問わず、労働の対償として使用者が労働者に支払うすべてのものをいう。」と広く定義している。基本給や諸手当だけではなく、一時金や退職金も含まれる。これらの賃金については就業規則の必要的記載事項となっている（労基法89条2号）。

　賃金以外の権利としては、安全かつ健康状態を保持し（労契法5条）、かつハラスメントのない環境での就労する権利である。後者は労働者人

格権としても構成されている。

さらに、働き方に着目した権利も主張されている。働くこと自体を請求する「就労請求権」や適切なキャリア形成を目的とする「キャリア権」である。これらは、特定の積極的な措置（業務命令）を使用者に義務づける点において注目すべき発想である。もっとも、裁判所がそれを強制することはできないと解されている。

2）労働者の義務

労働者の主要な義務は、使用者の業務命令に従って働く義務である。この業務命令の範囲は労働契約によるが、一般的には包括的な権限が使用者に付与されている。業務命令権の範囲（包括性）は、仕事の中身によって大きく異なり、労働者サイドに裁量性が広く認められるケースから具体的な業務命令どおり働かなければならないケースまで多様である。法的には、業務命令の内容は労基法等の規定に違反することは許されず、また労使間合意の範囲でなければならない。さらに、合意の範囲内であっても業務命令権の濫用も許されない。

労務提供以外の労働者の義務は、いわゆる誠実義務といわれるものである。これは特定の企業の一員として、当該企業の社会的評価や信用を害さないことを意味し、典型は企業外非行を理由とする懲戒処分を根拠づけることになる。この誠実義務についても、企業活動の公益性・社会性を維持するために企業批判や公益通報をする権利との調整が問題になっている。社会性や誰に対する「誠実性か」が問われているわけである。

ところで、業務命令権の主体は法人であるが、実際に具体的な業務命令を発する行為もそれに応じて就労する労働者の行為もまさに個々の人間的営為にほかならない。その過程において一定のコミュニケーションが不可欠であるので、人格権侵害やハラスメントがなされやすい。

2　業務命令権の多様な構造

業務命令をめぐる主要な争点は、業務命令違反を理由とする懲戒処分

の効力である。単純そうに見えるが具体的事案に着目すると案外奥が深い問題である。ここでは、なぜ事案の適切な処理が難しいのかを考えてみたい。汎用性のある使える知識・理解のためである。

また、具体的ケースとして業務命令権の典型といえる配転命令権の問題は項をあらためてとりあげる。

1）業務命令権を問題にする視角

業務命令権を適切に理解することは困難である。その理由の1は、同じ業務命令といっても多様な目的・パターンがあるためである。具体的には、①職場秩序の維持を目的とするもの（たとえば、施設管理権に関連するもの）、②労働能力の評価・向上を目的とする健康診断や研修命令、③労働力の場所的・時間的配置に関する「包括的」な命令、④具体的労務提供の仕方（特定の場所での就労、残業、服装・髪型）に関する命令、⑤仕事の内容に関する命令、⑥懲戒処分との関係での調査協力、始末書提出等の命令、等が想定される。労務提供との関連では③④⑤が中心となるが、他の業務命令については強制力や違反に対する懲戒の在り方は必ずしも同一ではない。

その2は、実際に争われる紛争のパターンも多様であるためである。使用者の特定の「命令」「意向」が業務命令か否かが問題になる。具体的には、①命令自体の違法性、②命令違反を理由とする処分・解雇の有効性・違法性、③命令に従ったことを理由とする賃金請求権の有無、④命令履行の態様と人事考課の在り方、等である。

正当な業務命令ならば、①の違法性はなく、②処分は有効になり、③賃金請求権はあり、④考課上一定の考慮はできると一応いえる。しかし、紛争パターンに応じて、「正当性」に問題があったり、「業務命令性」に疑義があることもある。たとえば、正当性のない残業命令については、命令不履行につき②の処分はできないが、残業をしているかぎり③の賃金請求権はある。④の判断は、（残業をしている者としていない者のように）実際の就労態様が相違しているのでデリケートになる。また、理論的には後述の「職務専念義務」は②との関係で、「債務の本旨」は③と

の関係で主に問題になる。

　その3は、業務命令権発生のメカニズムにつき、就業規則と契約の双方の解釈が問題になるからである。両者の関連は難問である。労働契約によって詳細な合意をした場合（たとえば、勤務地は札幌支社に限定する）には当該個別合意により業務命令権が発生するという構成もありうるがあまり一般的ではない。通常は、関連する就業規則規定（「使用者は業務上必要があるとき転勤を命じることができる」）が契約内容となりそれに基づいて使用者が業務命令を発すると解されている（帯広電電局事件・最一小判昭61.3.13労働判例470号6頁）。労契法7条についてもそのような趣旨ととらえられている。

　実際に、就業規則は広汎かつ包括的に業務命令権を使用者に認めているので、以上のような構造は労使対等決定原則や労働者の人格的利益を害するおそれがある。そこで恣意的な業務命令権行使を制約する次のような多様な法理が形成されている。とりわけ権利濫用法理は事案に応じて柔軟な処理が可能であるが、基準としての明確さに欠けていることは否定できない。

2）業務命令権を制約する法理

　では、業務命令権を制約する法理はどのようなものか。

　第1は、労働の仕方の包括性を制約する典型は労使間の合意による。合意は、権利を義務づけるとともにその範囲を制限するからである。労働時間、場所、仕事内容いずれも合意の範囲内でのみ業務命令権が発生する。そこで労契法4条、労基法15条は、契約内容の書面化を義務化もしくは要請しており、合意内容の明確化を図っている。

　合意内容の確定は明示のものだけではなく黙示（労使慣行、職場慣行）の場合や労契法上の要請（3条、5条）からも判断される。民法90条の適用もなされる。いずれにしても、「生の合意」の認定ではなく合意内容の規範的解釈（どのような合意が法的に認められるのか）や限定解釈がなされる。

　この点と関連して、業務命令権の根拠となる就業規則についても、労

契法7条によりその内容の合理性が要請されている。この合理性については、ひどく不合理でないこと（たとえば、どのような家庭事情があっても転勤を拒否できないという規定）と一般的に解されている。たしかに労働条件部分については特定の規定が「合理的」か否かを判断することは難しい。しかし、業務命令や懲戒処分を基礎づける部分については、労働者の利益を侵害する可能性があるのでその相当性は問題になりうる。したがって、これらのケースについては就業規則規定のもつ強制力の観点からより規定自体を厳格に、つまり社会的にその規定内容が適切でないならば合理性（拘束力）がないと解釈すべきものと思われる。

第2は、差別禁止法等の強行法規である。業務命令が強行法規違反（たとえば、労基法3条、労組法7条、均等法6条等）の場合には当然許されない。実際の事案では、当該命令が相当な事由に基づくか差別意図でなされたかが問題となる。

第3に、合意の範囲内であっても権利濫用にあたる場合にも許されない。具体的には、なにかの報復的意図でなされたり、人格権やプライヴァシー、さらに自己決定権を不当に侵害する場合である。さらに、労働者の生命・健康、家庭生活の尊重、キャリア形成等も考慮される。ここでも業務上の必要性の程度とのバランスが問題になる。

以上をふまえて以下では、業務命令権をめぐる注目すべき論点（職務専念義務、仕事上のミスを理由とする使用者からの損害賠償）を取り上げる。いずれもどのような筋、論理で考えるべきかを検討する。

3）不可能を強いる職務専念義務

労務提供の仕方については「職務専念義務」を履行したかという形でも問題になる。国家公務員法上も同様な義務を規定しており（96条）、最高裁もこのような義務を認めている。一応判例法理といえる。しかし、このような発想が労働の在り方について適切かという疑問がある。その運用如何によっては自立した働き方の対局にあるからである。

職務専念義務は、就業時間中の政治活動や組合活動を規制するための論理として使われいる。最高裁は日本電信電話公社法（当時）の解釈に

つき、就業中の政治プレート着用行為が職務専念義務に違反するとして以下のように説示している（目黒電報電話局事件・最三小判昭52.12.13労働判例287号26頁）。

「被上告人の勤務時間中における本件プレート着用行為は、前記のように職場の同僚に対する訴えかけという性質をもち、それ自体、公社職員としての職務の遂行に直接関係のない行動を勤務時間中に行つたものであつて、身体活動の面だけからみれば作業の遂行に特段の支障が生じなかつたとしても、精神的活動の面からみれば注意力のすべてが職務の遂行に向けられなかつたものと解されるから、職務上の注意力のすべてを職務遂行のために用い職務にのみ従事すべき義務に違反し、職務に専念すべき局所内の規律秩序を乱すものであつたといわなければならない。」

以上の考え方は、労務管理上の要請、もしくは抽象的に一生懸命仕事をすべきとの議論ならば理解できないことはない。しかし、「精神的活動の面から注意力のすべてを職務の遂行に向け」るべしというのは法的には説得力に欠くものと考える。「今日は暑いから夕方同僚とビアホールにいきたい」と思ったら職務専念義務違反というのならナンセンスだ。悪い冗談といえる。常時集中力が要求される外科医のような仕事なら別だが。

さすがに、常識的な裁判例（JR東日本本荘保線区事件・仙台高裁秋田支部判平成4.12.25労働判例690号13頁）もあり、職務専念義務のあり方につき次のように限定的な見解を明らかにしている。「労働者が、その注意力を集中し得る人としての生理的限界も自ずから明らかであり、一般に、日々、勤務時間（休憩時間はもちろん、休息時間も除くとする。）のすべてにつき、瞬時の間もなくその精神的活動力のすべてを職務にのみ完全に傾注させることは容易になし得ることとは考えられないから、労働者に対し、かようにその完全なる履行につき甚だ困難を伴う法的義務の不履行を形式的ないし厳格に問うことは、それが懲戒処分に付すような場合でなくとも慎重さが要求される部分があると解せざるを得ない」。あまりにも当然の指摘である。

ともかく最高裁の職務専念義務は建前の議論としても不可能をしうるものである。実際の労務管理や裁判においてこれは建前だからといって軽くスルーしてくれると目くじらを立てて反論する必要もないが、実際の裁判において職務専念義務が正面から持ち出されることが少なくない。さらに懲戒処分までがなされる。こうなると建前とはいえやはりおかしいと批判せざるをえない。学説が対立し法理論としての盛り上がりはビジネスチャンスとなるが、もうすこしまともなテーマを対象としたいものである。

4）業務遂行上のミスは私のせい

　業務命令には強制力があるので、命令に応じて就労することが自分の生命や身体に影響がある場合でも拒否することは難しい。そこで、危険な就労を回避するために安衛法が一連の措置を、また労契法5条が仕事をする際の安全配慮を使用者に義務づけている。仕事の結果病気やケガを負った場合には労災補償を受けることができる。

　仕事にともなうリスクは、第三者や使用者との関係でも問題になる。会社機械の損傷や運送中の交通事故、居酒屋でのアルバイトで皿を割る、等である。近時は信用取引を行なう労働者が不注意によって顧客や使用者に損害を与えるケースも増えてきている。事案を類型化すると、①労働過程において一定の危険が予想される職種における事故等、②労働過程において一定の危険は必ずしも予想されない職種におけるミス、③不適切な営業活動や取引活動、④会社金員の横領・不正取得、等がある。

　これらのケースにおいて、労働者が使用者もしくは第三者から損害賠償を請求されることがある。裁判例はそれほど多くはないが、日常的なトラブルは少なくない。労使関係がドライになったこともあり、増加の傾向さえある。賠償金を賃金と相殺したり、結局辞めざるをえないという事態もめずらしくない。明確な関連規定がなく、最高裁判例はあるがその内容がかなりラフなために基準としての明確性に欠けるので、労働相談を受けたり学校でワークルールの話をする際に的確な説明やアドバイスをしにくい問題である。

リーディングケースとなるのは、やや古い事案であるが茨城石炭商事事件である。本件は、タンクローリーを運転中に引き起こした事故により使用者が直接損害を被り、また、右事故の被害者に対して損害賠償をしたとして、労働者等に対し損害賠償等を求めた事案である。最一小判（昭51.7.8判例時報827号52頁）は、「使用者が、その事業の執行につきなされた被用者の加害行為により、直接損害を被り又は使用者としての損害賠償責任を負担したことに基づき損害を被った場合には、使用者は、その事業の性格、規模、施設の状況、被用者の業務の内容、労働条件、勤務態度、加害行為の態様、加害行為の予防若しくは損失の分散についての使用者の配慮の程度その他諸般の事情に照らし、損害の公平な分担という見地から信義則上相当と認められる限度において、被用者に対し右損害の賠償又は求償の請求をすることができるものと解すべきである」として損害額の4分の1の賠償を認めた。

　損害の公平な分担と4分の1の負担がその後の裁判例に強い影響を与えている。また、損害の公平な分担のための配慮要素として、労働者の過失の程度、使用者の対応、業務命令の態様、保険化の要否等が判断されている（裁判例の傾向については拙稿「労働過程におけるミスを理由とする使用者からの損害賠償法理」労働判例827号（2002年）6頁参照）。

　ではどう考えるべきか。実務的には損害額の4分の1が重視されているが、問題は労働者の「過失」のとらえ方である。ここではやや原理的に考えてみたい。

　この過失は次の2つのレベルで想定しうる。

　その1は、企業外の被害者との関係における過失である。民法709条にいう過失といえる。

　その2は、使用者との関係における過失である。使用者からの直接的な損害賠償請求や使用者が使用者責任に基づき賠償を払った後に個々の加害労働者への求償請求（民法715条3項）のケースにおいて問題になる。損害賠償を払った労働者から使用者への逆求償の事例（たとえば、信州フーズ事件・佐賀地判平成27.9.11労働判例1172号81頁）もある。内部関係における過失であり、それをどう規範的に評価するかがポイント

である。

　このレベルの過失を考えるためには、労働者のミスの基盤となる業務命令権の機能・性質を知る必要がある。通常は業務に従事した過程で発生しているからであり、その点では労災の発生機序と似ているともいえる。業務に由来しているからである。

　この過程でのミス、とりわけ軽過失については、原則は使用者がリスク（責任）を負うものと思われる。その理由は、生身の労働者が働いている限り一定のミスは必ずある、というきわめて常識的なものである。理論的にいえば、①業務によって使用者が直接の利益を得るのでそれに見合う報償責任がある、②使用者は、労働者の採用・配置・教育を通じて一定の損害回避が可能である、また保険加入によるリスクの分散もできる、③ミスの原因として長時間労働等労務管理の在り方が影響していることもある、ともいえる。

　ただ、許されないような不注意（重過失）や明確な逸脱行為の場合は一定の賠償義務を負うであろう。損害額の4分の1という基準はこのケースに適合的と思われる。

　以上のような解釈的な処理は不可能ではないが、立法によってより明確な解決基準を設置することが緊急の課題と思われる。労働者の自立や働き方の見直しに直結するからである。

3　流動化する配転法理

　配転はサラリーマンにとって、働き方を見直すとともに会社からの評価が示される機会でもある。就労場所の変更を意味する転勤は自分だけでなく家族にとっても一大行事であり、多様なトラブルが発生しがちである。最近は転勤がイヤで会社を辞める例も珍しくない。そこで、優秀な人材の確保の観点から転勤慣行を見直す会社もある。

　以下では、配転をめぐる判例法理を紹介し、近時その判例法理が揺らいでいることを検討したい。新たな形で働き方改革が目指されているからである。

配転紛争に関する基礎知識を確認しておきたい。

第1は、配転のパターンである。基本的には、勤務場所が変更する「転勤」と職務が変わる「配置換え」があり、双方を含めて「配転」という。「転居」命令の適否も争われている（ハンターダグラスジャパン事件・東京地裁平成30.6.8労働経済判例速報2365号8頁）前者については、主に労働者および家族の生活上の不利益が、後者については労働者本人のキャリア上の不利益が問題になる。

第2は、紛争のパターンである。配転に関する紛争は、配転命令自体を争う型と配転命令を拒否しその結果なされた懲戒解雇を争う型に大別される。いったん配転命令が出されると命令違反（よりリアルに言えば「拒否」）は重要な業務命令違反として懲戒解雇がなされる場合が一般的である。いずれの型においても、主要な論点は配転命令の適否である。

判例法理は後述のように広範に配転命令権を認めているので、命令違反はかなりリスクのある行為である。それゆえ、実際には配転命令に多少問題があっても、それを拒否せず異議を留めていったん従って、配転命令の適否を争うようにとのアドバイスがなされることが多い。

では、判例法理はどうなっているか。基本的には、次の2段階で配転（転勤）命令の適否を判断している。その1は、就労場所に関する合意の認定・解釈である。合意の範囲内でしか使用者は業務命令を発しえないからである。その2は、濫用か否かであり、合意の範囲内であっても濫用的な行使は許されない。

合意の有無については、勤務地限定もしくは転勤をしない合意があるかが問われる。通常は、就業規則において業務上の必要があれば転勤を命じうるという包括的規定があるので、特段の合意がない限り勤務地限定とは認められない。職種に関しても、特別の資格（看護士等）や技能・知識を要件として採用された場合には職種限定とされる。実際には、長期雇用のケースでは、職種限定は認められにくい。機械工から組立工（日産自動車村山工場事件・最一小判平成1.12.7労働判例554号6頁）、アナウンス業務からテレビ編成局番組審議会事務局（九州朝日放送事件・平成10.9.10労働判例757号20頁）への配置換えが認められている。文系

の学部を出て全国展開の会社に入社したケースでは勤務地も職種も限定されない。どうにでもしてくれということになる。

とはいえ、職種・勤務地限定の合意が認められた例もある（最近の例として、ジブラルタ生命事件・名古屋高判平成29.8.31労働判例1159号16頁がある）。今後は、労働者のキャリア重視の観点から職種限定と解されるケースが増加することが予想される。

次に、濫用性の有無については転居をともなう転勤命令を中心に多くの裁判例がある。そのリーディングケースは関西から名古屋への転勤命令が争われた東亜ペイント事件である。最判（最二小判昭和61.7.14労働判例477号6頁）は、濫用性の判断基準について次のように説示している。頻繁に引用される重要な判例なので知っておく必要性が高い。

「使用者は業務上の必要に応じ、その裁量により労働者の勤務場所を決定することができるものというべきであるが、転勤、特に転居を伴う転勤は、一般に、労働者の生活関係に少なからぬ影響を与えずにはおかないから、使用者の転勤命令権は無制約に行使することができるものではなく、これを濫用することの許されないことはいうまでもないところ、当該転勤命令につき業務上の必要性が存しない場合又は業務上の必要性が存する場合であっても、当該転勤命令が他の不当な動機・目的をもってなされたものであるとき若しくは労働者に対し通常甘受すべき程度を著しく超える不利益を負わせるものであるとき等、特段の事情の存する場合でない限りは、当該転勤命令は権利の濫用になるものではないというべきである。」

同時に、「右の業務上の必要性についても、当該転勤先への異動が余人をもっては容易に替え難いといった高度の必要性に限定することは相当でなく、労働力の適正配置、業務の能率増進、労働者の能力開発、勤務意欲の高揚、業務運営の円滑化など企業の合理的運営に寄与する点が認められる限りは、業務上の必要性の存在を肯定すべきである。」

同最判は、濫用とみなされる場合を、①業務上の必要性が存しない場合、②不当な動機・目的をもってなされた場合、③労働者に対し通常甘受すべき程度を著しく超える不利益を負わせる場合とし、①の業務上の

必要を広範に認めた。

　この最判の特徴は、業務上の必要性の判断につき広い裁量を使用者に認め、それが認められると②③の場合でなければ濫用とみなされないというアプローチである。また、③の不利益についても「通常甘受すべき程度を著しく超える不利益」と厳格に解している。同最判以前には、業務上の必要性の「程度」と転居にともなう生活上の不利益とのバランスを重視する、つまり比較考量する裁判例が多く、同事件の原審（大阪高判昭和59.8.21労働判例477号15頁）も濫用と解していた。結局、この最判によって濫用と認められる余地は少なくなったわけである。

　実際にも、単身赴任（帝国臓器製薬事件・最二小判平成11.9.17労働判例768号16頁）や保育上の負担増（ケンウッド事件・最三小判平成12.1.28労働判例774号25頁）は「通常甘受すべき程度を著しく超える不利益」とは解されていない。

　全体的にみて①と③の観点からは濫用とされる余地は少なくなったので、焦点は②、つまり不当な動機か否かになっており、不当労働行為や退職強要が争われていた。しかし、近時この厳格な判例法理について、主に転勤事案につき2つの観点から修正の動きがある。

　その1は、生活上の不利益性をやや広く認める動きである。とりわけ、家族の病気や介護を理由とするケースといえる（明治図書出版事件・東京地決平成14.12.17労働判例861号69頁、ネスレ日本事件・大阪高判平成18.4.14労働判例915号60頁、出向のケースであるが国立研究開発法人国立循環器病研究センター事件・大阪地判平成30.3.7労働判例1177号5頁は妻のパニック状態を重視している等）。労契法3条3項（「労働契約は、労働者及び使用者が仕事と生活の調和にも配慮しつつ締結し、又は変更すべきものとする。」）や育児介護休業法26条（「事業主は、その雇用する労働者の配置の変更で就業の場所の変更を伴うものをしようとする場合において、その就業の場所の変更により就業しつつその子の養育又は家族の介護を行うことが困難となることとなる労働者がいるときは、当該労働者の子の養育又は家族の介護の状況に配慮しなければならない。」）の趣旨を重視しているわけである。不利益性につき、キャリア上のそれに着目する例もある（エル

メスジャポン事件・東京地判平成22.2.8労働判例1003号84頁)。

　その2は、配転の必要性の説明や命令の履行態様に着目する動きである。たとえば、希望聴取や丁寧な説明がなされていないこと（一般財団法人あんしん財団事件・東京地判平成30.2.26労働判例1177号29頁）や翌日の転居をともなう異動のような猶予期間のなさ（ビーエムホールディングス他事件・東京地判平成29.5.31労働判例1167号64頁）が指摘されている。

　傾向としては、業務上の必要性と労働者サイドの不利益との考量をする東亜ペイント最判以前のアプローチに復帰しているように見受けられる。その理由のひとつとして、配転をめぐる紛争がその無効を争うものから違法性を問題にするケース（前掲・一般財団法人あんしん財団事件・東京地判、KSAインターナショナル事件・京都地判平成30.2.28労働判例1177号19頁等）になっていることがあげられる。後者については、より柔軟なフレームでかつ量的な処理が可能だからである。

　同時に、働き方との関係における転勤慣行の見直し、なぜ会社の命じるがままに生活の本拠を変えなければいけないのか、という意識の変化が生じているからと思われる。ワーク・ライフ・バランスの転勤バージョンといえる。

第7章

人間関係の難しさ
――パワハラの法律問題

　職場におけるハラスメントは、セクハラ事案をはじめパワハラ、マタハラ、オワハラ等多様な紛争が生じている。同じハラスメント事案であっても、規制の目的や利害状態は必ずしも同じではない。ここでは、近時裁判例が増加しているパワハラについて検討する。

　上司の立場を利用して部下に対し暴行や人格を損なう発言をすることはゆるされない。労働者の人権保障の観点からだけではなく、会社経営のあり方との関連においてもゆゆしき事態である。上司の言動は一定の業務秩序を前提として、もしくは教育・研修の一環としてなされる場合が多いので、どうしても強制的な側面がある。相手側からすれば抑圧的であり、ハラスメントと感じやすいわけである。ここに急増するパワハラ事件の特徴があり、解決が難しい原因がある。

　本章では、パワハラ紛争の実態、裁判例の傾向をふまえてどう対処すべきかを考えてみたい。法理の追求とともに法的な解決の限界と労使の役割も問題になる。パワハラ事案は最近急増した裁判なので、具体的なケースを多量にまたやや詳しく紹介している。それぞれの事案のストーリーを知ることによってパワハラ問題の多様性とともに全体像をイメージするためである。

1　パワハラに関する報告書

　パワハラの実態や定義さらに防止策については次の3つの厚労省の報告書等が重要であり、さらに防止に向けた立法化の動きもある。パワハラの類型を問題にした「職場のパワーハラスメントの予防・解決に向け

た提言」(平成24年3月)、「職場のパワーハラスメントに関する実態調査」(平成24年、28年)、「パワハラ防止対策検討会」報告「実効性のある職場のパワーハラスメント防止対策」(平成30年3月)である。

なお、現行法上パワハラに関する規定は、均等法11条1項において、職場における性的な言動に起因する問題に関する雇用管理上の措置として、「事業主は、職場において行われる性的な言動に対するその雇用する労働者の対応により当該労働者がその労働条件につき不利益を受け、又は当該性的な言動により当該労働者の就業環境が害されることのないよう、当該労働者からの相談に応じ、適切に対応するために必要な体制の整備その他の雇用管理上必要な措置を講じなければならない。」と定められている。具体的な権利レベルでは規定されていないわけである。

一般的には「職場のパワーハラスメント」とは、同じ職場で働く者に対して、職務上の地位や人間関係などの職場内の優位性を背景に、業務の適正な範囲を超えて、精神的・身体的苦痛を与えるまたは職場環境を悪化させる行為と言われる。平成24年3月に公表された厚労省の「職場のいじめ・嫌がらせ問題に関する円卓会議」の「職場のパワーハラスメントの予防・解決に向けた提言」によるとおおむね以下の6つの型に分類されている。

① 身体的な攻撃(暴行・傷害)
② 精神的な攻撃(脅迫・暴言等)
③ 人間関係からの切り離し(隔離・仲間外し・無視)
④ 過大な要求(業務上明らかに不要なことや遂行不可能なことの強制、仕事の妨害)
⑤ 過小な要求(業務上の合理性なく、能力や経験とかけ離れた程度の低い仕事を命じることや仕事を与えないこと)
⑥ 個の侵害(私的なことに過度に立ち入ること)。

「職場のパワーハラスメントに関する実態調査」は、平成24年と28年になされている。28年のそれについて注目すべき事項は以下である。
① 従業員からのパワーハラスメントの相談状況については、従業員の悩み、不満、苦情、トラブルなどを受け付けるための相談窓口を

設置している企業は全体の73.4％である。社内に設置した相談窓口で相談の多いテーマとして、パワーハラスメントがもっとも多い（32.4％）。

② パワーハラスメントの発生状況については、実際に過去3年間にパワーハラスメントに関する相談を1件以上受けたことがある企業は36.3％で、従業員に関しては、過去3年間にパワーハラスメントを受けたことがあると回答した者は32.5％であった。

③ パワーハラスメントの予防・解決のための企業の取組をしている企業は52.5％であり、効果の高い取組として相談窓口の設置や従業員向けの研修の実施をあげている。

④ ハラスメントを受けた者がなにもしなかったと回答した比率は40.9％であり、「何をしても解決にならないと思ったから」（68.5％）「職務不利益が生じると思ったから」（24.9％）との回答が多い。

現状分析についてはむしろ24年調査が以下のような興味深い結果を示している。会社の本音といえようか。

① パワーハラスメントが発生している職場については、企業調査において、パワーハラスメントに関連する相談がある職場に共通する特徴として、「上司と部下のコミュニケーションが少ない職場」が51.1％と最も多く、「正社員や正社員以外など様々な立場の従業員が一緒に働いている職場」（21.9％）、「残業が多い／休みが取り難い」（19.9％）、「失敗が許されない／失敗への許容度が低い」（19.8％）が続いている。従業員調査でも同様の傾向が示されている。

② パワーハラスメントの減少に向けて求められることについては、企業調査において、パワーハラスメントの予防・解決の取組を進めるに当たっての課題として最も比率が高かったのは「パワハラかどうかの判断が難しい」で、回答企業全体の72.7％が課題としてあげている。また、取組を進めることで懸念される問題として、「権利ばかり主張する者が増える」（64.5％）、「パワハラに該当すると思えないような訴え・相談が増える」（56.5％）といった項目が多くあがっている。

一連の調査結果をふまえて、平成30年「実効性のある職場のパワーハラスメント防止対策」は以下の多様な側面からの対処を提言している。
　①　行為者の刑事責任、民事責任（刑事罰、不法行為）
　②　事業主に対する損害賠償請求の根拠の規定（民事効）
　③　事業主に対する措置義務
　④　事業主による一定の対応措置をガイドラインで明示
　⑤　社会機運の醸成
　法的には、①②が中心であるが、より広い観点からの対策が求められている。とりわけ、③④の具体的内容として　まず、「事業主の方針等の明確化、周知・啓発」では、社内報、パンフレット、社内ホームページ等にパワーハラスメントの内容、パワーハラスメントの背景やパワーハラスメントがあってはならない旨の方針を記載し、配布することや周知・啓発のための研修、講習等を実施すること等が想定されている。
　また、職場のパワーハラスメントの行為者については、厳正に対処する旨の方針や対処の内容を就業規則等に規定し、管理・監督者を含む労働者に周知・啓発することを挙げた。具体的には、就業規則等において、パワーハラスメントを行なった者に対する懲戒規定を定めることなどとしている。
　「相談等に適切に対応するために必要な体制の整備」については、相談窓口の設置や、相談窓口の担当者による適切な相談対応の確保などを挙げた。なお、職場のパワーハラスメントは、セクシュアルハラスメント、妊娠、出産・育児休業等に関するハラスメント等の他のハラスメントと複合的に生じることも想定されることから、セクシュアルハラスメント等の相談窓口と一体的に、パワーハラスメントの相談窓口を設置し、一元的に相談に応じることのできる体制を整備することも挙げている。
　さらに、「事後の迅速・適切な対応」では、①事実関係の迅速・正確な確認、②被害者に対する配慮のための対応の適正な実施、③行為者に対する対応の適正な実施、④再発防止に向けた対応の実施——などの取組を例示している。

2　裁判例から見たパワハラ類型

　労働者の人格を侵害する行為は、主に使用者（法人）自身の権限行使として、たとえば解雇や多様な業務命令によってなされていた。加害者の顔が見えにくい紛争といえた。ところが、いわば職場いじめ事案を通じて加害者個人の特定が可能となり、その延長として上司等による個別の加害行為を直接問題にするパワハラ紛争として現象するようになってきた。加害者個人の責任を追及する点においてまさに「人間関係紛争」と評価できる。もっとも、ほとんどのケースにおいて加害者個人（民法709条）とともに会社に対しても使用者責任（民法715条）等が追及されている。

　裁判において上司や先輩のどのような行為がパワハラとみなされているか。一応、行為の目的と態様が問題になる。目的が違法とされる例はあまりない。この点が、同じハラスメントであってもセクハラと異なるところである。

　では、どのようなファクターが考慮されているか。基本的視点を示すのはカジマ・リノベイト事件・東京地判（平成13.12.25労働判例824号36頁）であり、「職場における上司の部下に対する発言、行動等が部下において受け入れ難いとか、感情の対立を招く性質のものであったとしても、そのことのみで部下に対する不法行為となると解するのは困難であり、その発言、行動等が、職場における上司と部下という、通常想定し得る関係を超えたものであるなどといった特段の事情のない限り、不法行為の成立を認めることはできないというべきである」と判示している。

　また、使用者の行為が「不愉快」であっても必ずしも違法とまではいえないとされ（三井記念病院事件・東京地判平成22.2.9労働判例1005号47頁）、個人的な悪感情（東京都・都教委事件・東京地判平成26.12.8労働判例1110号5頁）や私怨がなかったことも重視されている（社会福祉法人県民厚生会他事件・静岡地判平成26.7.9労働判例1105号57頁）。

第7章　人間関係の難しさ

より具体的には、特定の措置の目的や動機が問題になることもある。パワハラが権利主張への報復としてなされると、目的が問題となり労働者の人格権が侵害されるとともに特定の権利実現自体も阻害されるとみなされる。たとえば、権利主張をしたことに対する非難や暴言は人格権侵害と見なされ（昭和観光事件・大阪地判平成18.10.6労働判例930号43頁）、年休取得に対する上司の批判的発言やそれを擁護する代表者の発言は違法とされている（日能研関西ほか事件・大阪高判平成24.4.6労働判例1055号28頁）。

　次に行為レベルについては、明確な規準がないので諸般の事情を総合勘案する必要がある。それしかないといえる。たとえば、P社事件・東京地判（平成26.12.24労働経済判例速報2238号11頁）は、次のような要素を提示している。「極めて抽象的な概念であり、これが不法行為を構成するためには、質的にも量的にも一定の違法性を具備していることが必要である。具体的にはパワハラを行ったとされた者の人間関係、当該行為の動機・目的、時間・場所、態様等を総合考慮の上、企業組織もしくは職務上の指揮命令関係にある上司等が、職務を遂行する過程において、部下に対して、職務上の地位・権限を逸脱・濫用し、社会通念に照らし客観的な見地からみて、通常人が許容し得る範囲を著しく超えるような有形・無形の圧力を加える行為をしたと評価される場合に限り、被害者の人格権を侵害するものとして民法709条の所定の不法行為を構成するものと解するのが相当である。」

　実際には以下のような行為態様が争われている。最近のケースを中心に紹介したい（詳しくは、拙著『パワハラにならない叱り方』旬報社、2010年）。

1）暴行

　暴行が許されないのは当然である。エアーガンによる脅迫（護衛艦たちかぜ事件・東京高判平成26.4.23労働判例1096号19頁）、傷害（X電業社事件・東京地判平成24.11.14労働経済判例速報2166号27頁）が違法とされている。

2）暴言・叱責

　発言による攻撃のケースも多く、暴言や侮辱的・人格を損なう発言・叱責（シー・ヴィ・エス・ベイエリア事件・東京地判平成24.11.30労働判例1064号86頁、暁産業他事件・福井地判平成26.11.28労働判例1110号34頁）、留守電でののののしり（ザ・ウインザー・ホテルズ・インターナショナル事件・東京高判平成25.2.27労働判例1072号5頁）は違法とされる。暴言・叱責は業務指導の際になされる場合が多く、パワハラ事案の中核を占める。この点については後述する。

3）揶揄、いびり

　執拗な揶揄（川崎市水道局事件・東京高判平成15.3.25労働判例849号87頁）、からかい（誠昇会北本共済病院事件・さいたま地判平成16.9.24労働判例883号38頁）さらにいびり行為が違法とされている（サン・チャレンジ他事件・東京地判平成26.11.4労働判例1109号34頁）。これは上司よりも先輩や同僚によるケースが多く、使用者がこのような行為を防止する職場環境整備義務があるか否かも争われている。

4）私生活への干渉

　私生活や私的領域に不当に干渉することも違法とされる。サン・チャレンジ他事件・東京地判（平成26.11.4労働判例1109号34頁）は、時間外での拘束等を違法とし、飲酒の強要（ザ・ウインザー・ホテルズ・インターナショナル事件・東京高判平成25.2.27労働判例1072号5頁）、財布のチェック・免許証の確保（コスモアークコーポレーション事件・大阪地判平成25.6.6労働判例1082号81頁）も違法とされている。ある種古典的なケースといえる。さらに、職場恋愛に対する介入も同様に判断されている（豊前市事件・福岡高判平成25.7.30判例時報2201号69頁）。

5）孤立化

　いわゆるパワハラ事案ではないが、孤立化のリーディングケースは関

第7章　人間関係の難しさ　　95

西電力事件であり、会社のなした民青同盟員に対する監視、孤立化、ロッカー調査等が違法とされ、最判（最三小判平成7.9.5労働判例680号28頁）は、「職場における自由な人間関係を形成する自由を不当に侵害するとともに、その名誉を毀損するものであり」、また、「プライバシーを侵害するものでもあって、同人らの人格的利益を侵害する」と説示していた。その他に、会議での同僚からのつるし上げは人格権侵害とされ（U福祉会事件・名古屋地判平成17.4.27労働判例895号24頁）、職場内における孤立化はパワハラの一環とみなされている（美研事件・東京地判平成20.11.11労働判例982号81頁）。

6）理不尽な業務命令

業務命令といっても、パワハラとされるのは上司が日常的に命じる例が多く、いわゆるいじめ的な業務命令である。上司による研修会でのコスチューム着用（命令）（K化粧品販売事件・大分地判平成25.2.20労働経済判例速報2181号3頁）や過去の書類を見つかるまで探すようにという理不尽な命令（C社事件・大阪地判平成24.11.29労働判例1068号59頁）や特定人に対する仕事の押しつけ（日本土建事件・津地判平成21.2.19労働判例982号66頁）が、違法とされている。適切な指導・支援を行なわなかったこと（天むす・すえひろ事件・大阪地判平成20.9.11労働判例973号41頁）も問題とされている。

7）パワハラ概念の拡がり

ハラスメント行為は、特定の対象労働者だけではなく、職場環境の悪化として他の同僚への影響もある。A社長野販売他事件では、特定人に対する退職強要行為がその行為を見聞した同僚に対しても「間接的に退職を強いるものがあるから」違法な退職行為であるという注目すべき判断が示されている（東京高判平成29.10.18労働判例1179号47頁）。著しく一方的かつ威圧的な言動で部下に強いることが常態という職場環境を問題視する例もある（日本ファンド事件・東京地判平成22.7.27労働判例1016号35頁）。

また、加害者サイドについても、加害行為者以外に加害時に同席した者についても幇助をしたとして不法行為責任が認められている例もある（A住宅福祉協会理事ら他事件・東京地判平成30.3.29労働判例1184号5頁）。以上のように、加害者・被害者個人だけではなく職場全体への影響に着目するアプローチは示唆的である。

3　教育・指導との関連

　わが国における労務管理の基本的な特徴としてOJT（オンザ・ジョブ・トレーニング：職務遂行しながらの教育・指導）があげられる。この教育・指導については、それに反抗したことを理由とする解雇・処分と教育・指導の際のパワハラが問題になっている。

1）教育・指導に反抗したことを理由とする処分・解雇

　教育や指導は、その目的が適正であり、方法も妥当ならば、それに反抗したり無視したりすることは許されず、その態様や程度にもよるが悪質ならば解雇や懲戒処分も有効とされる。

　上司への反抗や愚弄を理由とする解雇は、何度いっても上司のいうことを聞かないケース（テレマート事件・大阪地判平成13.12.21労働経済判例速報1797号8頁）や上司の指摘に対し過剰な反発（尾久自動車事件・東京地八王子支部決18.8.3労働経済判例速報1946号25頁）や度のすぎた反抗的対応（T社事件・東京高判平成22.1.21労働経済判例速報2065号32頁）をするケースについては有効とされている。さらに、上司のいうことをまったく聞かずその旨宣言したこと（越前屋多崎事件・東京地判平成12.6.6労働経済判例速報1753号13頁）、注意や出勤停止処分を受けても改善せず、上司を愚弄したこと（三菱電機エンジニアリング事件・神戸地判平成21.1.30労働判例984号74頁）、入社直後から職制・会社批判をしていたために信頼関係をまったく形成できなかったこと（セコム損害保険会社・東京地判平成19.9.14労働判例947号35頁）を理由とする解雇もそれぞれ有効とされている。これらのケースにおいては、上司との関係

だけではなく、同僚への感情的対応も解雇理由とされていることもある（たとえば、山本香料事件・大阪地判平成10.7.29労働判例749号26頁）。

ところで、教育や指導の必要性は、通常の労務管理レベルだけではなく、解雇事例において解雇回避義務の一環としても重要視されている。勤務能力に問題がある者に対し適切な教育をしないで突然解雇することは「濫用性」判断の重要な要素になるわけである（富士タクシー事件・新潟地判平成7.8.15労働判例700号90頁、海空運健康保険組合事件・東京地判平成26.4.11労働判例1122号47頁と東京高判平成27.4.16労働判例1122号40頁との対立も参照）。

2）教育・指導の際のパワハラ

部下に対する教育・指導は、部下の能力や態度との関連で一定の強制が必要な場合がある。その態様によっては労働者の名誉・信用を害し、ハラスメントであると感じられることも少なくないのでその適法性の判断はデリケートである。具体的には以下のような行為がパワハラとされており、パワハラの成否とともに損害額についても紹介する。その悪質さに関する裁判所の評価が損害額に示されているからである。

第1は、会議中の同僚の前、もしくは同僚をも念頭においた叱責である。会議中の人間性を否定するような暴言や非難は、三洋電機コンシューマエレクトロニクス事件で問題になり、原審たる鳥取地判（平成20.3.31労働判例987号47頁）は、長年勤続した従業員たる地位を根本的に脅かす嫌がらせであったとして300万円の損害を認めた。控訴審たる広島高判松江支部判（平成21.5.22労働判例987号29頁）は、原告のふてくされた態度や一連の行為を原告が録音していたことから損害額を10万円とした。原審と明確に異なった事件把握をしているケースといえる。

会議での叱責をこえた罵倒については、より厳しい判断が示されている。顧客からのクレームに応じ解約したことが問題とされ、罵倒とともに同僚からのいじめ、降格措置さらに会社からの退去命令の違法性が争われた美研事件・東京地判（平成20.11.11労働判例982号81頁）は損害

額として就労不能に基づく1年間の賃金喪失分と慰謝料80万円を認めている。

会議以外に同僚の前でのもしくは同僚が関連した叱責の仕方も問題になっている。その点を強調する例として富国生命保険事件・鳥取地米子支部判（平成21.10.21労働経済判例速報2053号3頁）があり、マネージャー失格の発言等も違法とされている。同僚に対するものも含めた次のようなメールによる叱責、「意欲がない、やる気がないなら、会社を辞めるべきだと思います。当SCにとっても、会社にとっても損失そのものです。あなたの給料で業務職が何人雇えると思いますか。あなたの仕事なら業務職でも数倍の業績を挙げていますよ。」の違法性もA保険会社事件において問題になっている。叱責内容が業務に関連することは東京地判（平成16.12.1労働判例914号86頁）および控訴審たる東京高判（平成17.4.26労働判例914号82頁）ともに認めているが、名誉毀損の有無について原審は違法性を認めず、控訴審は違法として5万円の賠償を認めている。

第2は、叱責の内容であり、「三浪してD大に入ったにもかかわらず、そんなことしかできないのか。」（ヴィナリウス事件・東京地判平成21.1.16労働判例988号91頁ダイジェスト）、病気からの復帰直後の部下に対する「辞めてしまえ」との発言（U銀行事件・岡山地判平成24.4.19労働判例1051号28頁）、高圧的で強い口調（大裕事件・大阪地判平成26.4.11労働法律旬報1818号59頁）、医師に対する部長・医長からの厳しい指導（公立八鹿病院組合事件・鳥取地米子支部判平成26.5.26労働判例1099号5頁）、入社10年目の従業員に対する「新入社員以下」との発言（サントリーホールディングス他事件・東京地判平成26.7.31労働判例1107号55頁）、繰り返し長時間にわたる叱責・注意（乙山青果他事件・名古屋高判平成29.11.30労働判例1175号26頁）がそれぞれ違法とされている。

とりわけ、新入社員に対しては一定の配慮が必要とされ、岡山県貨物運送事件・仙台高判（平成26.6.27労働判例1100号26頁）は、「亡Dに対する指導に際しては、新卒社会人である亡Dの心理状態、疲労状態、業務量や労働時間による肉体的・心理的負荷も考慮しながら、亡Dに

過度の心理的負担をかけないよう配慮する義務を負っていたと解される。」と判示している。このような配慮は、派遣先会社のケースでも強調されている（アークレイファクトリー事件・大阪高判平成 25.10.9 労働判例 1083 号 24 頁）。

　他方、上司の指導が業務遂行態度の改善を促すためのものであり不法行為とまではいえないという裁判例も少なくない（PE&HR 事件・東京地判平成 18.11.10 労働判例 931 号 65 頁、富士通関西システムズ事件・大阪地判平成 24.3.30 労働判例 1093 号 82 頁ダイジェスト、横川電機事件・東京高判平成 25.11.27 労働判例 1091 号 42 頁、社会福士法人県民厚生会他事件・静岡地判平成 26.7.9 労働判例 1105 号 57 頁、N 社事件・東京地判平成 26.8.13 労働経済判例速報 2237 号 24 頁等）。

　とりわけ、人命を扱う業務については厳格な指導の必要性が強く、次のような判断も示されている。

　「原告を責任ある常勤スタッフとして育てるため、単純ミスを繰り返す原告に対して、時には厳しい指摘・指導や物言いをしたことが窺われるが、それは生命・健康を預かる職場の管理職が医療現場において当然になすべき業務上の指示の範囲内にとどまるものであり、到底違法ということはできない。」（医療法人財団健和会事件・東京地判平成 21.10.15 労働判例 999 号 54 頁）。

4　ハラスメント紛争の特徴

　ハラスメント紛争は、上司の事実上の措置や発言が主に問題になるので、多様なバリエーションがあり、その適否を法的に判断することは必ずしも容易ではない。ハラスメントといっても法的に違法な行為と必ずしも違法とまではいえないけれど社会的にみて不適切な行為に区分しうる。前者についても、多様なバリエーションがありその程度は主に慰謝料額等に反映される。また、違法性の判断自体も特定の人間関係がその背後にあるので、外形的に同じ行為であってもなされた経緯や状況に応じてその判断が異なることもある。さらに、紛争化するか否かはハラス

メントを受けた労働者の性格や耐性によって異なることさえある。一義的明確な判断基準を立てにくい紛争にほかならない。

　同時にパワハラ紛争をとらえる視角も問題になる。一般的には、個々的なパワハラ行為の違法性を問題にしているが、全体として一連の行為を評価するアプローチもみられる。たとえば、A社長野販売他事件の長野地松本支部判（平成29.5.17労働判例1179号63頁）は前者の立場を、東京高判（平成29.10.18労働判例1179号47頁）は後者の立場をとり、全体として違法な退職強要的行為と把握している。この立場は、適正な職場環境確保義務という発想につらなるものと思われる。

　ところで、パワハラ紛争のとらえ方の難しさについて、最近の厚労省「パワハラ防止対策検討会」報告「実効性のある職場のパワーハラスメント防止対策」でも以下のように興味深い指摘がなされている。

　「相談に来た被害者が一方的な主張をしており、被害者にも非があるのではないかと思われるケースや、調査の結果、被害を主張していた労働者が反対にパワーハラスメントの行為者であったことが発覚したケース、また、客観的にはパワーハラスメントではなかったにもかかわらず行為者とされて退職した者が、企業に責任を追及したケース等、様々な事案について示された。また、企業内の相談窓口に寄せられた相談のほとんどが、何らかの感情の動きをパワーハラスメントという言葉に置き換えた相談であり、本当にパワーハラスメントに該当すると思われる相談は全体の１割弱であったという意見も示された。こうした状況を含め、パワーハラスメントの被害が訴えられた際の事実関係の確認が難しく、被害者がメンタルヘルスに不調を来している場合や同僚等の第三者が行為者との関係性から萎縮してしまう場合等になかなか必要な証言が得られないことや、噂の流布等の場合には行為者を特定できないことが課題として示された。行為者と被害を訴える相談者の人間関係、地位、業務の状況等が千差万別であることから、パワーハラスメントに該当するか否かの判断が難しいとの意見も示された。」

　もっとも、多くの裁判例を通じて一定の法理らしきものが形成されつつあるのも事実である。ただ法理が確立するにともない職場内での自主

的な紛争解決機能は後退してきた点も見逃せない。職場内における人間関係紛争については、上司や同僚、さらに労働組合等の職場集団が一定の解決を試み、「紛争化」自体が回避されていたからである。しかし、セクハラ・パワハラ事案は、上司が加害者にほかならない場合が多いので、通常の相談・苦情処理は機能しなかった。また、職場集団や仲間もその役割や力が低下したために解決の担い手自身が消滅しつつある。同時に、人格権法理が個人法理に特化して確立することによって、このような傾向が助長されてもいる。実際に、純粋な人間関係紛争と思われる事案も散見され（アンシス・ジャパン事件・東京地判平成27.3.27労働経済判例速報2251号12頁、T大学事件・東京地判平成27.9.25労働経済判例速報2260号13頁）、法的な解決の限界も見え始めている。損害賠償の支払いだけによっては、被害者のプライドや職場秩序の回復は難しいからである。当然といえば当然であるが。また、仕事の仕方や労務管理のあり方が紛争の背景にあるケースも少なくないので、事後的な法的な「解決」よりも、事前の紛争の予防・回避策が重要視される。

5　ハラスメント事案の紛争回避策

　ハラスメント紛争については、回避レベルとハラスメントに対処するレベル、さらに紛争状態の解決レベルの問題がある。同種事案については、一旦紛争状態になるとそれを適切に早期に解決することは困難である。とりわけ裁判になるとお互いに相手の非をあげつらうこととなり関係が決定的に悪化する。将来的な労務管理や働くモチベーションにも悪影響がでる場合が多い。したがって、「紛争状態」までに至らない回避および迅速な対処が労使双方にとって重要である。法的な処理以前に自主的に解決する工夫・知恵といえる。

　ではどう考えるのか。紛争状態回避のための制度的な対応策については、就業規則等による周知・啓発、さらに相談体制の整備等かなりの議論がなされており、付け加えることはほとんどない。課題は、意味のある形で実現するか否かである。

ここでは、制度論以前に労使（上司と部下）の心構えという古典的であるがやっぱり大切な問題を取り上げてみたい。裁判例を知れば知るほどこのレベルの議論の大切さがよく分かるからである。説教くさくなるがご勘弁を。

　まず、上司の立場に関しては、自分の立場はあくまで仕事上の地位に由来していることを意識する必要がある。部下より人間的な能力において優れていると思うのが間違っている（優れている人もいるが）。仕事上の上下関係を人間的能力のそれと混同する傾向があるからである。人間的能力とはなにか、はさておいて、この点の謙虚さは決定的である。

　また、仕事を指導するためには、相手が分かるように言葉で適切に説明する能力も不可欠である。ポジションではなく言葉でコミュニケーションするのが上司の仕事である。もっとも、部下の能力や態度がひどい場合は言葉も出ないことはある。

　ここで留意すべきは、コミュニケーション力は単なる「意思疎通・伝達」というよりは意思疎通をふまえて「理解し協力しあう」能力であることである。それに応じて、上司の役割は、基本的に部下相互間の関係形成をサポートすること、つまり部下との個々的な上下関係に着目するのではなく、部下のチーム力総体を向上させることが重要と思われる。そのためには差別的ではない公正な取り扱いをすること、同時にチーム内において多様性とともに人格を尊重する雰囲気（職場文化）を醸成することが不可欠である。それでなければ仕事ができない。

　部下の立場に関しては、職場は自己決定の世界ではないので一定の耐性（我慢する力）は必要である。仕事をおぼえたいという気持ちがあれば、教育や研修に一定の強制が不可欠であることを理解しなければならない。OJT（オンザ・ジョブ・トレーニング）、まさにトレーニングの世界である。

　トレーニングに関して社会人に対する講義で困ったことがあった。消費者問題の研究希望者に対し、民法の講義を受けるように指導したところ、消費者問題以外には興味はないという返事があった。個別問題を適切に理解するためには基礎となる関連する法の知識が不可欠だと説得し

たが聞き入れない。鮮明な問題関心をもつことも貴重であるが、指導する先生のアドバイスを素直に聞く態度も重要である。これは職場でも同様である。その点、問題意識の希薄な最近の学生のほうが指導をしやすい。

後者の紛争への対処については、ハラスメントがなされても紛争状態にしないのが肝要である。上司も人間なのでハラスメント的な発言や行為をしてしまうことはある。多くは意図的でない不用意な言動の場合だと思われるので、その場でそのような行為は不適正でイヤである旨をはっきり伝えることが重要と思われる。なぜそのような行為をしたかの説明やそれに対する反論等を通じて相互の立場に対する理解も深まり、普通はそのような行為を慎むようになると思われる。紛争状態はそれなりに回避されるわけである。

「ハラスメントに関する法理論」は世間相場としてこの話し合いの際の基準として利用することができる。法理は紛争の解決基準だけではなく回避基準でもあり、これがワークルールを学ぶ基本的な意義といえる。また説教臭くなったが。

もっとも使用者の言動が故意や悪意の場合は別である。こうなると紛争状態になって一定の制度的対応が必要となり、最終的には裁判になる。利害関係を明確にし、将来的なルールの確立のためにはこの方法もすてがたい。トラブルが生じるのを無理に押さえたり、トラブルを隠したりすることは、組織の健全な発展のためにはプラスにならず、トラブルは組織の問題点を顕在化させることがあるからである。また、利害対立を明らかにした方が、適正な人間関係形成に有用という側面もある。そもそも対立がないと思うほうが不自然である。

第8章

最後の切り札は懲戒権

　使用者は労務管理の多様な手段をもっている。勤務のモチベーションを高めるための人事査定に基づく昇格や昇給、表彰制度等、他方、勤務成績・態度不良者に対する降職や解雇、さらに職場秩序違反者に対する懲戒である。この懲戒については、懲戒解雇が退職金の不支給事由とされている場合が多く、もっとも強力な使用者の強制権限といえる。一方、些細なミスを理由とする始末書の提出も懲戒権の行使とされる。懲戒パターンのこのような広さゆえに懲戒権は、企業秩序の維持や業務命令権の適正な行使にとって有効な手段となっている。

　この懲戒権については、個別事案の処理については判例法理が確立している。しかし、懲戒権の法的根拠については必ずしも明確ではない。とりわけ契約論的な説明は困難である。実務的には、労務管理上のニーズに合致し個別事案もそれなりに処理されているので原理的な議論はないがしろにされている。ロースクール化の影響で基本的な議論が軽視（もしくは無視）される傾向の典型といえる。十分な議論がなされていないという認識さえなくなっている。偉そうな書き出しではあるが、自戒の意味で。

　理論的には、懲戒権の基盤となる「企業秩序」とか「業務命令権」の在り方も問題になる。懲戒法理との関連性についてはそれほど意識的に論じられていないからである。

1　懲戒権の根拠

　懲戒権はなぜ法的に認められているか。まず、関連規定を確認してお

こう。

　労基法上、懲戒は就業規則の相対的記載事項である（89条9号「表彰及び制裁の定めをする場合においては、その種類及び程度に関する事項」）。通常は就業規則によって、懲戒事由、懲戒の種類、懲戒手続等が定まっている。懲戒の種類としては、懲戒解雇、諭旨解雇、出勤停止、停職、降格、減給、戒告、訓告、譴責、始末書提出等があり、懲戒権行使については独自のルールが定まっている。

　とはいえ、明確な懲戒処分以外にも、懲戒的な目的をもつ人事権の行使の例も多い。普通解雇や退職強要、配転（いわゆる左遷）等がその典型である。それらの人事権については懲戒ルールの適用はなされておらず、別個な法的な性質とみなされている。同じ「降格」であっても懲戒処分と人事権行使とでは適用される法理は異なるわけである。

　では、懲戒権の法的根拠はなにか。労働法学界のホットイッシューであったが、現在ははやらないテーマである。

　まず、労使関係以外についても懲戒権が認められている例はあるが、それらは明文の根拠がある。親権者については民法822条、校長および教員については学校教育法11条であり、現在そのあり方が問題になっている。労使関係については、明文の根拠を欠く。そこで、学説上は、懲戒権の根拠として使用者固有権説、契約説、共同作業ゆえの必要説等が提示されたが、どれも決定打を欠いていた。

　判例の立場（関西電力事件・最一小判昭和58.9.8労働判例415号29頁）は、「労働者は、労働契約を締結して雇用されることによって、使用者に対して労務提供義務を負うとともに、企業秩序を遵守すべき義務を負い、使用者は、広く企業秩序を維持し、もって企業の円滑な運営を図るために、その雇用する労働者の企業秩序違反行為を理由として、当該労働者に対し、一種制裁罰である懲戒を課することができるものである」としている。契約説と固有権説をミックスしたような見解といえる。

　現在では、職場秩序を維持するために懲戒機能が必要・有用であること、解雇という労働者にとって過酷な結果を回避する可能性があること、さらに労基法が懲戒権を前提としている規定を有していることから使用

者は懲戒をなしうるという見解が有力である。これはこれでひとつの見識である。

ではどう考えるか。機能の側面に着目すると、職場秩序違反行為に対し、契約法レベルでは、損害賠償か契約関係の解消（解雇）による対応が想定され、それしかないといえる。違反行為の態様がよほど悪質でなければ解雇は許されず、また損害額の算定が困難なので賠償請求も使い勝手が悪い。違反行為の態様に応じたフレキシブルな対応ができず、職場秩序の回復も困難である。

その点、懲戒は違反行為の態様や本人の反省の仕方に応じて多様な形で対応することができる。とりわけ、反省をせまり今後同様な行為をすることを抑制させるという従業員身分を前提とした教育的機能を果たす点は、企業秩序や集団的作業秩序の維持にとって重要である。もっとも、始末書の乱発等行使の仕方によっては、職場閉塞状態を容易に作出しうるという側面もある。さらに、企業外排除を意味する懲戒解雇になると上述のような教育的機能は失われる。

さらに、労基法は懲戒権を基礎づける、もしくは制約する規定を有している。前者については、懲戒に関するルールは就業規則の相対的必要記載事項である（89条9号）。また、後者については減給に関する制裁規定の制限がある（91条「就業規則で、労働者に対して減給の制裁を定める場合においては、その減給は、一回の額が平均賃金の一日分の半額を超え、総額が一賃金支払期における賃金の総額の十分の一を超えてはならない。」）。

搦め手からの根拠付けにすぎないが。

2　懲戒権行使をめぐるルール

具体的な懲戒事由を検討する前に懲戒権行使の仕方やそれに関するルールについて説明しておきたい（「懲戒制度の適正整備義務および懲戒権の適正行使義務」という視点もある。浅野高宏「懲戒処分と労働契約」日本労働法学会編『講座労働法の再生2巻　労働契約の理論』日本評論社、2017年、215頁）。実際の紛争が少なくないからである。

第1は、懲戒ルール（事由、類型、手続等）は、基本的に就業規則によって定まっている。この点と関連して、就業規則に関連規定がなければ懲戒権の行使ができないかが問題になる。個別合意を根拠とすることも許されるかが問われるが、私は否定的な立場である。懲戒ルールは、全従業員に同じように適用されるので就業規則以外で懲戒ルールを定めることは不適切かつ周知も困難である。それゆえ、就業規則の相対的必要記載事項となっているわけである。また就業規則の作成義務のない10人未満の事業所であっても任意による作成は可能だからである（具体例として、東京地判平成25.4.24　2013WLJPCA04248029）。

　この点小規模事業等で個別合意を通じて実質的な懲戒ルールを定めている例（たとえば、遅刻に対する罰金制度）があるが、就業規則に基づいてないという理由だけで法的な効力は認められないであろう。内容自体の相当性も問題になる。

　では、就業規則の周知がなされていなければ懲戒をなしえないか。フジ興産事件では、懲戒解雇の根拠となる就業規則が本社には常置されていたが被解雇者が所属している事業所になかったことが争点となった。最判（最二小判平成15.10.10労働判例861号5頁）は、「使用者が労働者を懲戒するには、あらかじめ就業規則において懲戒の種別及び事由を定めておくことを要する（最高裁昭和49年（オ）第1188号同54年10月30日第三小法廷判決・民集33巻6号647頁参照）。そして、就業規則が法的規範としての性質を有する（最高裁昭和40年（オ）第145号同43年12月25日大法廷判決・民集22巻13号3459頁）ものとして、拘束力を生ずるためには、その内容を適用を受ける事業場の労働者に周知させる手続が採られていることを要するものというべきである。」と判示して就業規則が周知されていないことを理由として懲戒解雇を無効と判断している。

　第2は、懲戒権行為の適否についての争い方であり、通常は2段階で問題になる。1段目は、就業規則の懲戒事由に該当するか否かである。この解釈の仕方は、適法手続上の要請もあり厳格になされる。また、規定内容が合理性を欠くと解される余地もある（労契法7条）。たとえば、あまりにも抽象的な規定や厳罰規定（無断欠勤1日で懲戒解雇）である。

2段目は就業規則の懲戒事由に該当しても濫用とされるか否かである。労契法15条は、「使用者が労働者を懲戒することができる場合において、当該懲戒が、当該懲戒に係る労働者の行為の性質及び態様その他の事情に照らして、客観的に合理的な理由を欠き、社会通念上相当であると認められない場合は、その権利を濫用したものとして、当該懲戒は、無効とする。」と定めている。懲戒に対するチェックは主にこのレベルでなされる。行為態様以外に、懲戒の程度、反省の仕方、前例との比較、職場慣行、懲戒手続等が考慮される。

　第3は、懲戒権行使に関する業務命令の在り方である。具体的には、懲戒事由の調査目的の業務命令、自宅待機命令、始末書提出命令等の適否である。

　懲戒が適切になされるためには事情調査が不可欠である。そのために、本人、上司・同僚等の調査協力が必要であり、業務命令として調査協力命令が発せられる場合がある。では、当該命令に従わなかったことを理由とする懲戒処分が許されるであろうか。

　「対象者本人」に関する事情調査については、それほど問題になっていない。強制しても意味のある調査が難しいからであろう。それでも、凶器準備集合罪での逮捕・拘留に関する事情調査を拒否したことを理由とする出勤停止処分が有効とされている例はある（ダイハツ工業事件・大阪高判昭和55.12.24労働経済判例速報1091号12頁）。また、自身の労働契約上の義務違反行為に関する調査について、「使用者が調査を行おうとするときは、その非違行為の軽重、内容、調査の必要性、その方法、態様等に照らして、その調査が社会通念上相当な範囲にとどまり、供述の強要その他の労働者の人格・自由に対する過度の支配・拘束にわたるものではない限り、労働契約上の義務として、その調査に応じ、協力する義務があると解される。その調査の過程において、芳しくない態度、ことに虚偽の供述など、積極的に調査を妨げる行為があった場合は、信頼関係をますます破壊し、反省、改善更生といった情状面の評価において、不利益に重視されることもやむを得ないというべきである。」という常識的判断も示されている（ドコモCS事件・東京地判平成28.7.8労働

経済判例速報2307号3頁)。

　もっとも、刑法上の自己の刑事責任を免れるための黙秘権(憲法38条)的な発想をすると、調査協力拒否を理由とする懲戒処分は許されるかは非違行為の性質・態様に応じて問題となろう。とはいえ、心証の形成や懲戒の程度については一定の影響があることは否定できない。

　「同僚」に関する調査についてはよりデリケートな問題が発生する。証言拒絶権(刑事訴訟法146条)的な利害状況にもなるわけである。富士重工業事件では、就業時間中の原水禁運動のためのハンカチ作成依頼等をなした同僚の行為について、会社の事情調査に協力しなかったことを理由とする懲戒譴責処分の効力が争われた。最判(最三小判昭和52.12.13労働判例287号7頁)は、事実関係の調査権限を前提に次のように説示した。古い事案であるが現在でも引用される見解である。

　「当該労働者が他の労働者に対する指導、監督ないし企業秩序の維持などを職責とする者であって、右調査に協力することがその職務の内容となっている場合には、右調査に協力することは労働契約上の基本的義務である労務提供義務の履行そのものであるから、右調査に協力すべき義務を負うものといわなければならないが、右以外の場合には、調査対象である違反行為の性質、内容、当該労働者の右違反行為見聞の機会と職務執行との関連性、より適切な調査方法の有無等諸般の事情から総合的に判断して、右調査に協力することが労務提供義務を履行する上で必要かつ合理的であると認められない限り、右調査協力義務を負うことはないものと解するのが、相当である。」

　本件についてはいずれにも該当しないとして処分を無効と解した。

　以上のように、調査協力義務について指導監督的権限と自分の労務提供義務という2つの観点から判断するアプローチは相当なものといえる。しかし、調査協力の前提として同僚の非違行為に対する「報告義務」のレベルになるとより判断が難しくなる。そのような形で職場秩序を維持する義務があるかの問題である。

　自宅待機命令は、非違行為の調査のためもしくは懲戒処分決定まで出勤が好ましくないための待機を目的とする。いずれもそのような事情が

あれば相当な措置といえるが（ダイハツ工業事件・最二小判昭和58.9.16判例時報1093号135頁参照）、その間の賃金請求については争いがある。労働者の非違行為のせいでやむなく命じた場合（たとえば、ナック事件・東京高判平成30.6.21労働経済判例速報2369号28頁）にはともかく、原則は業務命令とみなされるので自宅待機期間中の賃金請求は認められ（日通名古屋製鉄事件・名古屋地判平成3.7.22労働判例608号59頁）、賃金を支払わない自宅待機命令は違法とされる（WILLER　EXPRESS西日本事件・大阪地判平成26.10.10労働判例1111号17頁）。

　始末書提出命令は、譴責処分の一環としてもしくはそれ自体として命じられる。非違行為につきその事実関係（顛末）を明らかにすることと反省の意思を示す目的をもつ。非違行為の再発の回避や反省の機会を与えるという教育的な意義がある。しかし、事実関係の解明の点については、事情調査協力命令と同様な側面があり業務命令でそれを強制しうるかは問題となる。適切な業務遂行上、当該行為を報告することが必要な職務については強制しうるであろう。

　後者の反省の側面については、強制は認められない。内心の自由（憲法19条）をはっきりと侵害するからである（福知山信用金庫事件・大阪高判昭和53.10.27労働判例314号65頁）。所持品検査に関する確認書署名拒否を理由とする懲戒処分も、乗務員の責任において誓約することを強制するので許されないとされている（西日本鉄道戸畑自動車営業所事件・最二小判昭和62.9.4労働判例505号10頁）。強制的手段を使わないで反省させることがまさに人事管理の極意といえよう。口で言うほど簡単ではないが。

　第4は、懲戒をなす際の適法手続的ルールである。懲戒は刑罰と同様の機能があるので罪刑法定主義的な次のようなルールが認められている。就業規則において手続等を明確に規定している場合も多い。

① 就業規則規定の厳格な解釈。
② 懲戒規定の不遡及。
③ 一事不再理・二重処分の禁止（東北福祉大学事件・仙台地判平成9.7.15労働判例724号34頁）であり、その後の処分の際には以前に

なされた処分を斟酌しうる。
④　弁論機会の付与、適正、慎重な処分のためには被処分者に弁明する機会を付与することが必要である（東京メトロ事件・東京地判平成27.12.25労働判例1133号5頁）。
⑤　公平性。
⑥　相当性であり、加重な処分は禁止されるとともにタイムリーに処分することが要請される。たとえば、非違行為後長期間（7年後）経てからの懲戒解雇は「処分時点において企業秩序維持の観点からそのような重い懲戒処分を必要とする客観的に合理的な理由を欠くものといわざるを得ず、社会通念上相当なものとして是認することはできない」として無効とされている（ネスレ・ジャパンホールディング事件・最二小判平成18.10.6労働判例925号11頁）。
⑦　処分後に判明した処分事由の追加は許されない。山口観光事件は、出勤拒否を理由とする懲戒解雇につき、その後判明した年齢詐称を懲戒解雇事由として追加することが許されるかが争われた。最判（最一小判平成8.9.26労働判例708号31頁）は、「懲戒当時に使用者が認識していなかった非違行為は、特段の事情のない限り、当該懲戒の理由とされたものでないことが明らかであるから、その存在をもって当該懲戒の有効性を根拠付けることはできないものというべきである。」と判示した。この見解は妥当と思われるが、①追加された懲戒事由が当初の懲戒事由と関連する場合はどうか、②使用者が認識していたが当初の懲戒事由としなかった場合はどうか、③懲戒解雇ではなく普通解雇事案についてはどうか、等の問題は残されている。なお、雇用終了事由の明確化の観点から労基法22条は解雇理由に関する証明書の交付を使用者に義務づけている。

3　懲戒事由

懲戒事由は就業規則において規定されているが、おおむね次のように区分しうる。

① 労務提供自体に関連する行為として、業務命令違反や悪質な職務懈怠。
② 労働契約の附随義務違反として、経歴詐称、企業秘密の漏洩、兼職。
③ 企業の名誉・信用を侵害する行為として、犯罪やスキャンダル、企業批判。
④ 職場秩序違反行為として、施設管理権侵害や業務阻害行為。
⑤ 不正行為として業務上横領行為等。

　以下では、著名な最高裁判決を主な素材に、労務提供や会社の体面毀損等に関する事案を中心に懲戒処分の適否の判断視角を検討したい。一般的に言えば、非違行為の経緯・態様・悪質さ、業務や信用阻害の程度、行為者の地位、処分の程度、使用者の管理体制・処分慣行等から判断される。理論的には懲戒権を基礎づける「企業秩序」とは何かが問われる。労働契約論や業務命令の法理に連動する問題であり、今後は、多様な働き方、自立した働き方からの見直しも必要とされるであろう。

1）円滑な労務提供

　円滑な労務提供の確保は企業秩序の中核であり、それを「意図的」に阻害する行為は懲戒の対象となる。その典型が業務命令違反、よりリアルに表現すれば命令拒否である。配転命令、残業命令違反のケースは少なくない。ただ、拒否の理由が法解釈上の見解の相違に由来している場合には、非難可能性が高いといえるかはやや疑問である（たとえば、時間外労働義務に関する日立製作所武蔵工場事件・最一小判平成3.11.28労働判例594号7頁）。

　また、職務怠慢（かどや製油事件・東京地判平成11.11.30労働判例777号36頁）、不当な営業活動（ナック事件・東京地判平成30.1.5労働経済判例速報2345号3頁）、業務報告義務違反（日本航空機製作所事件・横浜地川崎支判平成10.6.2労働判例748号129頁）もその程度や態様によっては懲戒の対象となる。また、（無許可による）兼職も、本来の職務遂行を阻害する、もしくはそのおそれのある場合には懲戒の対象となる。もっと

も、働き方改革の一環として兼職の自由化の動きもある（拙稿「働き方改革と兼業の法理」季刊労働法259号（2017年）98頁）。

2）適正な労務管理体制——経歴詐称

　適正な労務管理体制を阻害する行為も企業秩序を構成する。採用・労働配置秩序を阻害する経歴詐称がその典型である。経歴詐称のパターンは、学歴、職歴、犯罪歴等があり、当該詐称が就業規則規定にいう「重大な詐称」といえるかが問題になる（具体的な裁判例については拙著『職場における自立とプライヴァシー』44頁）。詐称によって採用秩序を害する場合、たとえば高学歴詐称、職務上必要な資格に関する詐称、重大な職歴・職務能力詐称はそれに該当する。デリケートなのは、低学歴詐称（大学中退なのに高卒という）やそれほど重大でない職歴詐称である。また、懲戒処分との関連では、採用後の日時の経過も問題となる。

　裁判例のアプローチは、大別して管理上の実害に着目する立場と信頼関係毀損に留意する立場がある。後者は、労働者の真実告知義務という発想に結びつきやすい。たとえば、低学歴詐称が問題となった炭研精工事件・東京高判（平成3.2.20労働判例592号77頁、上告は棄却されている。最一小判平成3.9.19労働判例615号16頁）はつぎのように説示している。

　「雇用関係は、労働力の給付を中核としながらも、労働者と使用者との相互の信頼関係に基礎を置く継続的な契約関係であるということができるから、使用者が、雇用契約の締結に先立ち、雇用しようとする労働者に対し、その労働力評価に直接関わる事項ばかりでなく、当該企業あるいは職場への適応性、貢献意欲、企業の信用の保持等企業秩序の維持に関係する事項についても必要かつ合理的な範囲内で申告を求めた場合には、労働者は、信義則上、真実を告知すべき義務を負うというべきである。」

　この真実告知義務自体は認められるが、犯罪歴や病歴、さらにプライヴァシーとの関係でそれを強制しうるかは疑問である。近時は、個人情報保護の観点から申告事由の制限もなされている。さらに、次のような判断も示されており、今後は「真実告知」のレベルではなく職務能力評

価を故意に誤らせたかが論点となると思われる（KPIソリューション事件・東京地判平成27.6.2労働経済判例速報2257号3頁は損害賠償の支払いを命じている）。

学校法人尚美学園事件・東京地判（平成24.1.27労働判例1047号5頁）は、「採用を望む応募者が、採用面接に当たり、自己に不利益な事項は、質問を受けた場合でも、積極的に虚偽の事実を答えることにならない範囲で回答し、秘匿しておけないかと考えるのもまた当然であり、採用する側は、その可能性をふまえて慎重な審査をすべきであるといわざるを得ない。大学専任教員は、公人であって、豊かな人間性や品行方正さも求められ、社会の厳しい批判に耐え得る高度の適格性が求められるとの被告の主張は首肯できるところではあるが、採用の時点で、応募者がこのような人格識見を有するかどうかを審査するのは、採用する側である。それが大学教授の採用であっても、本件のように、告知すれば採用されないことなどが予測される事項について、告知を求められたり、質問されたりしなくとも、雇用契約締結過程における信義則上の義務として、自発的に告知する法的義務があるとまでみることはできない。」

リアルな人間観察であるが、三菱樹脂事件・最高裁判決との関連は問題になる（本書67頁）。

3）就労環境の保護

労働安全衛生等の就労環境の保護は使用者の基本的義務である。同時に、労働者も快適・適正な就労環境の実現に協力しなければならない。この就労環境は、働く個々人のモチベーションや尊厳を守ることも含まれており、近時多発するハラスメントは就労環境阻害行為といえる。セクハラ・パワハラ等のハラスメントについては被害者から加害者（企業）への損害賠償請求事件として争われていたが、最近はセクハラ事案については加害者に対する懲戒処分の例も増加している。リーディングケースは海遊館事件であり、最判（最一小判平成27.2.26労働判例1109号5頁）は以下のように説示して出勤停止処分を有効と判示した。

本件セクハラ行為は、「女性従業員に対して強い不快感や嫌悪感ない

し屈辱感等を与えるもので、職場における女性従業員に対する言動として極めて不適切なものであって、その執務環境を著しく害するものであったというべきであり、当該従業員らの就業意欲の低下や能力発揮の阻害を招来するものといえる。」したがって、「管理職である被上告人らが女性従業員らに対して反復継続的に行った上記のような極めて不適切なセクハラ行為等が上告人の企業秩序や職場規律に及ぼした有害な影響は看過し難いものというべきである。」

　パワハラはセクハラと異なり加害者に対する処分の例は少ないが、悪質な事案については、反省の態度もまったく見られないとして懲戒解雇が有効とされた例もある（Y社事件・東京地判平成28.11.16労働経済判例速報2299号12頁）。

　ハラスメント紛争は、職場における私人間の争いという側面があるので、懲戒権限によって過度に関与することは、プライヴァシーや私的領域を不当に侵害するおそれもある。また、使用者がそのような行為を助長もしくは黙認していた場合には懲戒処分が濫用とされる余地もある。その点では、日常的な労務管理の適正さが要請される。

4）会社との信頼関係

　適切な業務運営のためには労使の信頼関係は不可欠である。この信頼関係は、多様な形で問題となる。まず、信頼関係を損う行為は従業員として不適格として普通解雇事由に該当する。国学館高校事件は、週刊誌への情報提供等を理由とする解雇が有効とされた事案であり、最判（最一小判平成6.9.8労働判例657号12頁、原審は濫用と解していた。仙台高秋田支判平成5.2.24労働判例657号15頁）は、「校長の名誉と信用を著しく傷付け、ひいては上告人の信用を失墜させかねないものというべきであって、上告人との間の労働契約上の信頼関係を著しく損なうもの」と説示している。その態様が悪質な場合には懲戒処分の対象ともなろう。

　次に、他の労働者の会社への不信を助長することも懲戒事由となる。不当な企業批判がその典型といえる。企業外の非違行為がなぜ懲戒処分事由になるのかについて、社宅において企業批判のビラを配布したこと

を理由とする譴責処分の適否が争われた関西電力事件で最判（最一小判昭和58.9.8労働判例415号29頁）は次のように説示した。ここでは企業秩序概念の拡大がみられる。

「労働者は、労働契約を締結して雇用されることによって、使用者に対して労務提供義務を負うとともに、企業秩序を遵守すべき義務を負い、使用者は、広く企業秩序を維持し、もって企業の円滑な運営を図るために、その雇用する労働者の企業秩序違反行為を理由として、当該労働者に対し、一種制裁罰である懲戒を課することができるものであるところ、右企業秩序は、通常、労働者の職場内又は職務遂行に関係のある行為を規制することにより維持しうるのであるが、職場外でされた職務遂行に関係のない労働者の行為であっても、企業の円滑な運営に支障を来すおそれがあるなど企業秩序に関係を有するものもあるのであるから、使用者は、企業秩序の維持確保のために、そのような行為をも規制の対象とし、これを理由として労働者に懲戒を課することも許される」。

この「職場外でされた職務遂行に関係のない労働者の行為であっても、企業の円滑な運営に支障を来すおそれがあるなど企業秩序に関係を有するものもある」ことの具体的判断は、「右ビラの内容が大部分事実に基づかず、又は事実を誇張歪曲して被上告会社を非難攻撃し、全体としてこれを中傷誹謗するものであり、右ビラの配布により労働者の会社に対する不信感を醸成して企業秩序を乱し、又はそのおそれがあったものとした原審の認定判断は」是認できるとしている。

5) 対社会的な名誉・信用

関西電力事件・最判は、労働者の会社に対する不信感の助長を問題にしている。この企業秩序概念については内部的だけではなく、対社会的な側面、つまり企業の名誉や信用侵害も問題となっている。企業秩序概念の拡大とともに「企業の円滑な運営」への支障という構成によって抽象化が図られているわけである。

たとえば、中国電力事件では、反原発のビラ配布を理由とする懲戒処分の効力が争われ、最判（最三小判平成4.3.3.労働判例609号10頁）は、

「労働者が就業時間外に職場外でしたビラの配布行為であっても、ビラの内容が企業の経営政策や業務等に関し事実に反する記載をし又は事実を誇張、わい曲して記載したものであり、その配布によって企業の円滑な運営に支障を来すおそれがあるなどの場合には、使用者は、企業秩序の維持確保のために、右ビラの配布行為を理由として労働者に懲戒を課することが許されるものと解するのが相当である」と判示している。

　企業秩序概念の拡大・抽象化は対社会的な会社の名誉・信用（体面）の保持をも問題にする。この点は、日本鋼管事件・最判（最二小判昭和49.3.15判例時報733号23頁）が次のように明確に説示している。「営利を目的とする会社がその名誉、信用その他相当の社会的評価を維持することは、会社の存立ないし事業の運営にとって不可欠であるから、会社の社会的評価に重大な悪影響を与えるような従業員の行為については、それが職務遂行と直接関係のない私生活上で行われたものであっても、これに対して会社の規制を及ぼしうることは当然認められなければならない。」

　もっとも、企業外非行については懲戒規範の適用の仕方について制限を加える以下のような判断も示されている。横浜ゴム事件では、住居侵入罪で罰金刑を受けたことを理由とする懲戒解雇の効力が争われ、最判（最三小判昭和45.7.28判例時報603号95頁）は次のように説示した。「右賞罰規則の規定の趣旨とするところに照らして考えるに、問題となる被上告人の右行為は、会社の組織、業務等に関係のないいわば私生活の範囲内で行なわれたものであること、被上告人の受けた刑罰が罰金二、五〇〇円の程度に止まったこと、上告会社における被上告人の職務上の地位も蒸熱作業担当の工具ということで指導的なものでないことなど原判示の諸事情を勘案すれば、被上告人の右行為が、上告会社の体面を著しく汚したとまで評価するのは、当たらないというのほかはない。」

　濫用性の有無につき、企業秩序阻害の程度が重視されているわけである。具体的には、①非違行為の種類・程度、②非違行為と職務との関連性、③行為者の社内における地位、が考慮されている。近時、企業外非行は飲酒運転事案について多く問題となっている。

4 よく分からない懲戒権法理

　懲戒は日常的に問題になっている割に法理的によく分からないところが多い。実務では「分からない」ということが負けを意味するので、分かったふりをすることが習い性になっている。相互に分からないことから出発する文化自体がなくなっていることは恐ろしいことである。では、どこがよく分からないか。

　第1は、懲戒権の教育的機能の意義である。一般的には企業秩序の維持を通じて企業への統合と協同作業秩序の確保を目的としているといえる。両者がどう関連するか、とりわけ威嚇（懲戒）による統合が、企業権力の肥大化を意味するか等が問題になる。働き方の見直しがなされているが、この懲戒権の在り方はほとんど議論の対象となっていない。同時に、非雇用の世界であっても一定の教育的指導がなされており、これが雇用的な関係を意味するのかも問題になる（NHK堺営業センター事件・大阪高判平成28.7.29労働判例1154号67頁、最三小決平成29.1.17参照）。

　第2は、企業秩序概念の明確化である。本稿でも素朴な試みをしているが、とりわけ、①施設管理権については権利内容自体の明確化とそれがなぜ懲戒権と結びつくかの解明が必要である（国労札幌駅事件・最三小判昭和54.10.30労働判例329号12頁参照）。②対抗的権利、たとえば組合活動権やワーク・ライフ・バランス（兼業規制）との調整も問題になる。③自立的働き方からの見直し、たとえば企業批判の自由や裁量労働における業務命令権の制約、さらに労使の信頼関係の毀損が懲戒権とどう関連するかも争点となる。

　第3は、裁量権行使の相当性の判断基準である。懲戒事由と懲戒パターンの多様性から、使用者は懲戒をなすにつき広い裁量権を有している。これが懲戒制度の妙味といえるが、加重な処分に対するチェックが困難となる。手続ルールの確立と相当性の判断基準の一定の明確化が要請される。

　第4は、懲戒と解雇との役割分担であり、企業秩序概念の見直しにも

結びつく。たとえば、メンタル不調者への対処につき、日本ヒューレッドパッカード事件・最二小判（平成24.4.27労働判例1055号5頁）は次のような判断を示している。「精神的な不調のために欠勤を続けていると認められる労働者に対しては、精神的な不調が解消されない限り引き続き出勤しないことが予想されるところであるから、使用者である上告人としては、その欠勤の原因や経緯が上記のとおりである以上、精神科医による健康診断を実施するなどした上で（記録によれば、上告人の就業規則には、必要と認めるときに従業員に対し臨時に健康診断を行うことができる旨の定めがあることがうかがわれる。）、その診断結果等に応じて、必要な場合は治療を勧めた上で休職等の処分を検討し、その後の経過を見るなどの対応を採るべきであり、このような対応を採ることなく、被上告人の出勤しない理由が存在しない事実に基づくものであることから直ちにその欠勤を正当な理由なく無断でされたものとして諭旨退職の懲戒処分の措置を執ることは、精神的な不調を抱える労働者に対する使用者の対応としては適切なものとはいい難い。」

　他方、懲戒権を制限する発想は、たとえば、勤務成績・態度不良者の処遇について広範な解雇の利用に結びつく可能性もある。とりわけ、金銭解決的制度はこのような傾向を促進するであろう。

　この点と関連して「諭旨解雇」にも多くの問題があるのでここでふれておきたい。非違行為を理由として企業外へ排除するパターンとしては、①懲戒解雇、②普通解雇、③自主退職（合意解約）が考えられる。諭旨解雇は、自主的な退職届けの提出を促し、提出がなされない場合には懲戒解雇をする旨の定めである。自主退職（合意解約）プラス懲戒解雇のセットであり、退職届けの提出がない場合に自動的に懲戒解雇するもしくは予備的に普通解雇をするという巧みなシステムといえる。たとえば、セクハラが問題となったＸ高等学校事件では、諭旨解雇が無効とされ予備的な普通解雇が有効とされている（東京地判平成27.2.18労働経済判例速報2245号15頁、その他諭旨解雇の事例として東京メトロ事件・東京地判平成27.12.25労働判例1133号5頁等がある）。

　諭旨解雇は以上のような複合的な性質を有しており、使用者にとって

自主退職もしくは退職届にともなう解雇（?）により円満に解決するメリットがあり、労働者についても懲戒解雇を回避しうるというメリットがある。ただ、明確な懲戒解雇事由がある場合は別として懲戒事由はあるが解雇までが許されるかが問題となるケースについては意に反する退職を余儀なくさせるおそれもある。変更解約告知と同様な合意を促進する強制的な機能があるわけである。

　同時に、自主退職のチャンスをどう考えるかという基本問題も残されている。この点は、教授に対するパワハラ等を理由とする解雇の有効性が争われた群馬大学事件で問題となった。具体的には、原告が諭旨解雇の応諾書にサインしないまま帰宅することをもって、原告が諭旨解雇の応諾を拒否したもの、すなわち、退職願の提出の「勧告に応じない」（就業規則45条1項2号）場合に当たるかが争点となった。

　前橋地判（平成29.10.4労働判例1175号26頁）は、「諭旨解雇処分が原告の大学研究者としての地位及び生活に重大な影響を及ぼす処分であることからすれば、改めて家族や弁護士等と相談の上、諭旨解雇に応ずるか否かを決定したいと考えたとしてもやむを得ないというべきである」にもかかわらず、被告は、遅くとも同日午前9時30分頃に原告に対し諭旨解雇処分をする旨を告げてから午前10時30分頃に懲戒解雇処分とする旨を告げるまでの約1時間で原告が諭旨解雇の「勧告に応じない」ものと判断したことになる。「以上によれば、本件懲戒解雇は、同日の時点では、原告が退職願の提出の『勧告に応じない』と断定できないにもかかわらず行われたものであり、解雇手続が就業規則45条1項2号の規定に違反した違法な処分であると言わざるを得ない。」として損害賠償請求を認めた。

　問題は手続の違法性の効果であり、次のように説示している。

　「解雇手続に違法があっても、原告を諭旨解雇を経ずに直ちに懲戒解雇とすることが相当であるといえるだけの悪質な、あるいは多数の懲戒事由が認められるとか、既に諭旨解雇に応じるか否か検討する十分な時間を与えられていたなどの特段の事情があり、軽微な違法にとどまる場合には懲戒解雇は有効と解するのが相当である。

本件懲戒解雇においては、そもそもまったく懲戒事由が存在しないのに懲戒解雇したというような場合ではなく、諭旨解雇から懲戒解雇への切替えが不相当であったに留まる。諭旨解雇か懲戒解雇かにより、退職金の支給の有無などの経済的待遇の違いが生じる余地はあっても、いずれにしても、被告の教職員としての地位を喪失させる処分という点では異なるところはない。したがって、被告としては、原告が勧告に応じれば諭旨解雇として、勧告に応じなければ懲戒解雇として、原告の被告の教職員としての地位を喪失させる処分をするという結論自体に変わりはなかったものである。そうすると、平成26年11月20日の本件懲戒解雇の手続が違法であったとしても、被告は、原告が諭旨解雇の勧告に応じるのに十分な時間が経過した後、日時を改めて、懲戒解雇することになるだけであるから、本件懲戒解雇における手続的瑕疵は軽微なものであったというべきである。」

　本件については、実体的レベルにおいて懲戒解雇が無効となったので手続違反ゆえの損害が少ないといえるが、懲戒解雇が有効とされるような場合には手続違反は決定的である。懲戒解雇が回避される可能性があるからである。

　ただ、本件の諭旨解雇規定は、「諭旨解雇　退職願の提出を勧告して解雇する。ただし、勧告に応じない場合には、懲戒解雇する。」となっており、退職届けの提出「勧告に応じること」と「解雇」との関連、とりわけ「退職届の提出」「勧告」の意味、退職届けが提出されてもなぜ解雇しうるか等ははっきりしない。これが自主退職の場合には解雇をしないという趣旨ならば手続違反の瑕疵は、自主退職の機会を奪ったという意味で決定的である。

第9章

仮眠も労働時間

　労働契約上の基本的な労働条件は、賃金と労働時間である。この労働時間については、労基法32条が、休憩時間を除き1週間40時間、1日8時間労働制の原則を規定している。しかし、この原則については管理監督者等についての適用の除外（41条）や変形制等多くの緩和規定があり、全体としては極めて複雑な内容になっている。条文が難しいだけではなく、労働時間規制の前提となる「労働時間」の概念もはっきりしない。2018年に働き方改革関連法の一環として労基法の労働時間規制も大幅に変更されたが、この点につき特段の規制はなされなかった。

　ここでは、労基法上の労働時間規制についての説明は必要最小限に留め、労働時間問題を考える際の基本的論点として労働時間規制の理由と労働時間概念を考察する。労働時間に見合う賃金の保障や長時間労働に伴う過労死・過労自殺を避けるためにも時間規制のあり方は重要な課題といえる（労働時間の実態については、森岡孝二『働き過ぎの時代』2005年、岩波新書、中沢誠『ルポ　過労社会』2015年、ちくま新書、等）。

1　労働時間規制の原理

　2014年成立の「過労死等防止対策推進法」はその1条において、「（前略）過労死等の防止のための対策を推進し、もって過労死等がなく、仕事と生活を調和させ、健康で充実して働き続けることのできる社会の実現に寄与することを目的とする。」と定める。この過労死は、主に長時間労働が原因とされる。ではなぜ長時間労働の規制が必要なのか。

　古典的な理由付けとして、①長時間、深夜労働にともなう健康破壊、

場合によれば過労死という事態を回避するため、②休日や年次有給休暇の取得によって文化的な生活や家庭生活を確保（ワーク・ライフ・バランス。労契法3条3項）するため、③時間の短縮によって雇用量を確保する（ワークシェアリング）ため、④仕事のリフレッシュ時間を確保することによる作業能率を向上させるため、である。労働条件の確保の観点からは①②がポイントといえる。

次に、1980年代の時短政策の基礎となった経済政策的な理由付けは、⑤当時の日本の貿易黒字は、長時間労働という不公正（アンフェア）な競争の結果とされていたので労働時間の短縮によって公正な競争（国際的公正競争）を実現するため、⑥時短によるレジャー関連消費の拡大によって国内需要を喚起するため、といわれる。

さらに最近では、時短は労働者のためだけではなく、顧客や利用者の安心や安全のためであることも指摘されている。運転手や医療従事者・ケアワーカーの長時間労働による事故を回避するためでもある。まさに社会的要請といえる。

このような要請があるにもかかわらず、正社員の労働時間の短縮はそれほど進んでいない。その原因と思われることは以下の諸事情であろう。働き方を改革するためには押えておくべき事柄である。

その1は、戦後ほぼ一貫して生産性向上による労働条件の改善を時短ではなく、賃上げで実現してきた労使の伝統である。それが収入増加の端的な手段といえた。

その2は、ビジネス志向的な文化である。素朴な勤労礼賛や競争至上主義のために「長時間労働自体」が美徳であるとみなされていた。

その3は、企業経営のグループ化によって、生産・流通システムがネットワーク化しているためである。ジャスト・イン・タイムの重視である。大企業や親企業の意向が重視され、中小下請けの計画的な時短は極めて困難であった。

その4は、業務命令内容の不確定性である。労働時間とは通常業務命令下において就労した時間をいい、業務命令内容がはっきりしていることが前提となる。しかし、ホワイトカラーのサービス残業や上司が居残

れば先に帰宅しにくい職場の雰囲気ゆえに居残ることはかなり一般的である。さらに、労働者サイドの発言力の低下によって、苦情を言うことや1人だけ定時に帰ることも難しく勇気のいることになっている。

その5は、長時間労働に対する歯止めが適切に機能していないことである。時間規制を緩和する（もしくは促進する）規定として過半数代表が締結する労基法36条の36協定があるが、過半数代表制自体が形骸化している場合が多いのでその権限が適切に行使されていない。また、2018年に改正されたとはいえ、特別条項により長時間労働が法認されていることも見逃せない。さらに、労働基準監督署による監督行政も人員の不十分さ等で必ずしも適切になされていないといわれる。働き方改革関連法によって、一定の歯止めが目指されているが多くの課題がある。とりわけ、労働者サイドの意向が適切に反映されるかがポイントといえる。

2　複雑な労働時間規制

労基法は労働時間について次の4つの観点から規制をしている。複雑な内容であるが、アウトラインぐらいは知っておく必要がある（労働時間法制については、荒木尚志『労働時間の法的構造』1991年、有斐閣、道幸哲也＝開本英幸＝淺野高宏『変貌する労働時間法理』2009年、法律文化社、等）。

第1は、基本原則であり、最長1日8時間・週40時間と定められている（32条）。これが原則であることは強調しておきたい。

第2は、適用除外であり（41条）、労働時間、休憩および休日に関する規定は適用されない。適用除外がなされるのは、①農業・漁業等（1号）、②管理監督者（2号）、③断続的労働従事者（3号）である。②管理監督者については「名ばかり管理職」問題として議論されており、重要な職務と責任、時間規制になじまない勤務態様、給料上の優遇措置が重視されている。なお、このような管理的な仕事を遂行する者に対する特例としては、時間算定との関連において「企画業務型裁量労働制」（38

条の4）があり、さらに2018年に高度プロフェッショナル制度（41条の2）が導入され2019年4月から施行された。

第3は、労働時間の算定に関する規定である。まず原則として労働時間自体の定義が問題となるが、明文の規定を欠き、多くの裁判例が示されている。明文で規定されているのは次の3つの場合である。①事業場を異にする場合に通算する（38条1項）。②事業場外で労働時間が算定しがたい場合に、所定労働時間の労働したものとみなすか（38条の2）、労使協定によって定める。③裁量労働制であり、専門職型（38条の3）と企画業務型（38条の4）がある。

第4は、1日8時間、週40時間制の緩和・修正規定である。基本的に4つのパターンがある。

その1は、企業経営の観点から時間配分を柔軟にする（弾力化）変形制であり、①1月単位（32条の2）、②1年単位（32条の4）、③非定型（32条の5）がある。

その2は、労働者の主体的な時間配分を認めるフレックスタイム制（32条の3）である。

その3は、労使協定によって時間外労働等を命ずるいわゆる36協定による時間外労働である（36条）。この36協定に基づく時間外労働については多くの論点があるので後述したい。

その4は、非常災害・公務の場合の時間外労働である（33条）。

では、労基法の関連規定についてどのような問題があるか。立法的課題も含めてここで確認しておきたい。

その1は、1日8時間・週40時間原則に対し多くの除外・緩和規定があることである。原則としての規範性に欠け、時間外労働を義務づける就業規則規定の効力を認める判断を支える原因となっていると思われる。また、2018年法により一定の制限がなされたといえ、36協定の時間外労働の限度に関する基準もそれほど厳格ではなく、特別事情がある場合にはより長時間労働まで認められている。8時間労働制は風前の灯火である。

その2は、緩和措置につき労使協定の締結を要件にしている例が多い

が、労使協定の締結につき労働者の意向が適正に反映しているかの問題がある。過半数代表者の代表性とともに集団的意向と個人の自由との調整が争点となり、本格的な議論はなされていない。議論がなされないことによって始めて維持されている構想といえる。過半数従業員代表制の常設化は今後の立法的課題になることが予想される。私はこの構想に慎重であるが。

その3は、連続的な長時間労働に関する規制が緩いことである。たとえば、週休制原則の弱さ、休憩規定の不整備等である。また、休息「権」的な発想にも欠ける。2018年法で導入されたインターバル休息制度は未だ努力義務である（労働時間等設定改善法）。

その4は、主体的な働き方の観点から時間規制を緩和する傾向が顕著である。適用除外規定たる管理監督者（41条2号）、時間算定ルールたる裁量労働制（38条の3、38条の4）、フレックスタイム制（32条の3）がその例といえる。さらに、高度プロフェッショナル制度も導入された。このような働き方につき、業務命令権がどの程度制約されるか等については十分な検討がなされていない。

また、雇用ではなく請負的な働き方になると労基法自体の対象外になり、労働時間規制がまったく及ばない。この雇用類似の働き方についてどのような保護をすべきかは今後の最大の立法課題といえる。

3　労働時間とは

労働時間の基本的構成は、拘束時間＝実働時間＋休憩時間となり、労働時間の1日8時間、週40時間原則は、この実働時間のことを示している。また、休憩時間については、実働時間数に応じて最低限の時間が定められており（労基法34条）、それ以上長時間の休憩をとることは労基法上は問題がない。しかし休憩時間が長時間化すると拘束時間も増え、労働者の生活に不利益を及ぼす事態も生じる。

では、労働時間とは何か。この点については、一応労基法と労働契約上のそれを想定しうる。労働契約上の労働時間は主に「賃金請求権」と

の関連で問題となる。どのような「就労」態様を労働時間とみなすかは、労使の契約内容如何になるので、極端な場合「街でブラブラすること」自体を労働時間とみなすことも許される。

他方、労働法上の「労働時間」として議論されているのは通常労基法上のそれである。労基法上は、その算定方法について若干の規定があるが、労働時間について明確な定義はなく、一般的には使用者の指揮命令下において就労した時間と解されている。労働契約上の労働時間も同様に解される場合が多いので実際には明確な使いわけはなされていない。

まず、労働者の「就労」が労働時間とみなされるかについては、2つの場合に区別して論じる必要がある。この点は、学説・判例ともにそれほど留意されておらず両者を統合した労働時間概念はどのようなものかという問題関心もない。今後の課題といえる。

その1は、就業規則等で定まっている所定内における就労である。このケースでは、この間労働していることが推定されるので、離席して労働しなかったことを「使用者」が積極的に立証して始めてその分の賃金カットが可能となる。争議参加や明確なサボりは、別としてちょっとした離席や同僚間のおしゃべりは不就労とはみなされない。したがってこのような紛争はそれほど多くはない。デリケートなケースは、勤務時間中の業務外チャットを理由とする賃金カットの適否が争われたドリームエクスチェンジ事件であり東京地判（平成28.12.28労働判例1161号66頁）は指揮命令下にあったとして労働時間性を認めている。指揮命令概念自体かなりルーズといえる。

その2は、所定外のいわゆる残業の場合は、就労している事実を労働者が立証しなければならない。通常、労基法32条を超える時間外の労働時間であり、割増賃金の対象となる（37条）。裁判上、「労働時間」概念が争われているのはもっぱらこのケースである。

実際には、以上の2種類の労働時間概念があることは確認しておきたい。

1）労基法上の算定規定

　個別事案において労働時間をどのように算定するか。時間規制の前提として、1日もしくは1週に何時間働いたかの算定がまず必要になる。通常は暦日に対応して算定するが、交代制等で2日にわたる労働の場合には、その実質的な連続性を問題にする。つまり、1日目8時間、2日目8時間の労働が実質的に継続している場合には、16時間労働と算定される。変形制や36協定がなければこのような16時間労働は違法となり、また、割増賃金の支払い義務も生じる場合がある。労働時間の始点はよく争われるが終点についての議論はほとんどない。時間外労働が翌日に及びそれに継続して翌日の労働が開始した場合に「時間外」労働に当たるかの問題であり、どういうわけかほとんど議論の対象ともされていない（医療法人社団E会事件・東京地判平成29.6.30労働判例1166号23頁。問題点については池田祐介・本件評釈・季刊労働法263号〈2018年〉193頁参照）。

　次に、職種や業種によっては労働時間の算定が困難な場合が少なくないので、労基法は次のような明文の算定規定を置いている。

　第1は、事業所を異にする場合の通算規定である（38条1項）。労基法は労働時間規制を事業所単位で行なっている場合があるので（たとえば、40条、41条）、事業所ごとに労働時間を算定する必要がある。同時に労働者が異なった事業所で労働した時間の算定も問題になり、労基法は通算するという規定をおいた。この規定は、同一使用者の場合はもちろん使用者が異なる場合にも適用があるとされる。副職・兼職が一般化するとこの点の見直しが必要になるかもしれない。

　第2は、坑内労働については坑口に入った時刻から坑口を出た時刻までを休憩時間を含め労働時間とみなしている（38条2項）。

　第3は、事業所外で業務に従事して労働時間を算定しがたい場合には、所定労働時間労働したものとみなしている。ただし、当該業務を遂行するためには通常所定労働時間を越えて労働することが必要になる場合には、当該業務の遂行に必要とされる時間労働したものとみなされる（38

条の2)。取材記者や外勤営業職員等労働時間の算定が困難である職種について算定の便宜をはかったものとされたが、携帯電話の普及等で労働時間が算定しがたい場合が少なくなっている。旅行の添乗員についてその適用が争われ、事業場外労働に当たらないという判断が示されている(阪急トラベルサポート事件・最二小判平成26.1.24労働判例1088号5頁。事業場外労働に該当するという判断を示す例もある。ナック事件・東京高判平成30.6.21労働経済判例速報2369号28頁)。

　第4は、2種類の裁量労働制である。その1は、専門研究職を対象とするものである。つまり、研究開発や情報処理等は仕事の仕方について、労働者の裁量の幅が広いとともに労働時間の長さでは成果を図りにくい。このように労働時間管理が困難な専門的労働者について、事業場の労使協定を通じて、実際の労働時間数にかかわらず一定の労働時間数だけ労働したものとみなすのが専門業務型裁量労働制である。

　その2は、企業の中枢部門で企画等を行なうホワイトカラー層について、事業所内に設けられる「労使委員会」の審議・決議によって裁量労働のみなし制が採用できるようになった(38条の4)。この企画業務型の裁量労働制については、労使の代表委員からなる労使委員会がその具体的内容を決定するという構成になっており、その適用についても本人の同意が必要とされている(38条の4第1項6号)。この労使委員会制度や本人の同意というアイデアは、同種制度の導入の際に示されることが多いが、労使委員会の実態やそれが機能する前提、さらに同意のあり方について多くの課題が残されている。高度プロフェッショナル制度では同意の撤回手続までが定められたが、それが適切に機能するかは疑問である。

2）裁判例はどうなっているか

　労働時間性は多様な形で争われている。最高裁は以下の裁判を通じて一定の判例法理を確立し、下級審に対し強い影響を及ぼしている。

　第1は、出社から退社まで、どの時点からどの時点までが労働時間かを論じた三菱重工業〈会社上告〉事件・最一小判(平成12.3.9判例時報

1709号122頁)である。最高裁は、労基法上の労働時間とは、労働者の行為が使用者の指揮命令下に置かれたものかによって客観的に定まるとして就業規則等の定めによって決定されるべきではないと判示した。同時に、「労働者が、就業を命じられた業務の準備行為等を事業所内において行うことを使用者から義務付けられ、又はこれを余儀なくされたときは、当該行為を所定労働時間外において行うものとされている場合であっても」特段の事情のない限り当該行為に要した時間は「それが社会通念上必要と認められるものである限り、労働基準法上の労働時間に該当する」と解した。労基法上の「労働時間」が当事者の合意ではなく、客観的に定まることが判例法上確立したわけである。

そして、①実作業にあたり義務づけられた作業服および保護具等の装着、そこから準備体操場までの移動、②副資材等の受出しおよび散水は労働時間と認められ、他方、③終業時刻後の洗身、④休憩時間中の作業服および保護具等の一部の着脱は労働時間とみとめられなかった。

第2は、ガードマンの仮眠時間が争われた大星ビル管理事件・最一小判(平成14.2.28労働判例822号5頁)である。最高裁は、仮眠時間であっても緊急時に対応せざるをえないこと、仮眠の場所等について一定の拘束を受けていること等から労働時間性を認めている。休憩との違いについては、「不活動仮眠時間であっても労働からの解放が保障されていない場合には労基法上の労働時間に当たるというべきである」とした。もっとも、仮眠時間に仕事がほとんどない場合は労働時間とはみなされないという判断もその後示されている(ビル代行事件・最三小判平成18.6.13労働経済判例速報1948号12頁)。

第3は、住み込みのマンション管理人の労働時間性が争われた大林ファシリティーズ事件・最二小判(平成19.10.19労働判例946号31頁)である。最判は、管理マニュアルにより早朝から夜間までの個別の仕事や住民との対応の必要性が記載され、同マニュアルにより管理人が「事実上待機せざるを得ない状態に置かれ」ており、そのことは管理日報等で使用者も認識していたので「黙示の指示」があったと判示した。

以上の判例法理は一貫しており、労働時間性につき、①指揮命令下に

あること、②就業規則等の規定によらず客観的に決まること、③労働からの解放が保障されていないこと、をあげている。判例法理では、指揮命令の程度や労働の密度はほとんど問題にならず、労働時間か否かにつき基本的にグレーゾーンは存在しない。また、労働時間にあたるか否かを労使間で自由に決定することは許されない。せいぜい、合意に基づき軽微な労働に対しては時給額を下げる等して賃金額によって調整するぐらいが考えられる。

　下級審は、以上の最判をふまえて個別事案において次のような仕方で労働時間の把握に努めている。

　一般的なのはタイムレコーダーによる算定である（三晃印刷事件・東京高判平成10.9.16労働判例749号22頁、無洲事件・東京地判平成28.5.30労働判例1149号72頁等）が、その利用方法によってはタイムカードの打刻は就労の事実を必ずしも意味しないという見解（北陽電機事件・大阪地判平成1.4.20労働判例539号44頁、ヒロセ電機事件・東京地判平成25.5.22労働判例1095号63頁等）も示されている。利用実態如何ということになる。

　また、業務命令についても黙示のそれを認定したり（徳州会事件・大阪地判平成15.4.25労働経済判例速報1837号23頁）、職場全体の就労実態（京都銀行事件・大阪高判平成13.6.28労働判例811号5頁）に着目する例もある。さらにパソコンのログデータ（PE&HR事件・東京地判平成18.11.10労働判例931号65頁）等も重視されている。

　とはいえ、労働者の立場からは、一般的にいって自分の労働時間の立証は極めて困難である。現行判例法理によれば、使用者がルーズな時間管理をすればするほど、記録が残らないのでこの傾向はより顕著になる。そこでこの立証を容易にする試みもなされており（手帳による立証を認めた例として国民金融公庫事件・東京地判平成7.9.25労働判例683号30頁）、出退勤を会社が適正に管理していなかったとして正確な労働時間数が不明であっても割増賃金の支払いを命じる例もある（東久商事事件・大阪地判平成10.12.25労働経済判例速報1702号6頁）。

　さらに、使用者になんらかの形で契約上の「労働時間管理義務」とも

いうべきものを課す必要があるという判断も示されている（技研製作所他事件・東京地判平成15.5.19労働判例852号86頁ダイジェスト、医療法人大生会事件・大阪地判平成22.7.15労働判例1014号35頁参照）。さらに、2018年の安衛法改正において、医師による面接指導の実施のため、安衛法の中に「厚生労働省令で定める方法により、労働者（高度プロフェッショナル制度の対象者を除く）の労働時間の状況を把握しなければならない」という根拠規定を追加した（同66条の8の3）。これにより労働時間把握義務が法律上の義務に格上げされ、強化されることになった。

3）注目すべき行政解釈

裁判上多様な事案で労働時間性が問題になっているので、その基準を明確にすることは困難である。そこで、厚労省は適正な労働時間把握に努めることを図って通達（平成13.4.6基発339号）を出し、その後にガイドラインを公表した（平成29.1.20基発0120第3号）。同ガイドラインの概略は以下であり、是非おぼえておきたい内容である。

① 労働時間とは、使用者の指揮命令下に置かれている時間のことをいい、使用者の明示又は黙示の指示により労働者が業務に従事する時間は労働時間に当たるものであって、実作業前後の準備または後片付け時間、いわゆる手待時間、参加が義務づけられた研修の受講時間や業務に必要な学習時間なども、「労働時間」に該当する。
② 労基法においては、労働時間、休日、深夜業等について規定を設けていることから、使用者は、労働時間を適正に把握するなど労働時間を適切に管理する責務を有していることは明らかである。
③ 使用者は、労働時間を適正に管理するため、労働者の労働日ごとの始業・終業時刻を確認し、これを記録する。
④ 使用者が始業・終業時刻を確認し、記録する方法としては、原則として、
　（a）使用者が、自ら現認することにより確認し、記録する、
　（b）タイムカード、ICカード、パソコンの使用時間等の客観的な

記録を基礎として確認し、記録する、の方法によらなければならない。
⑤ 上記④の方法によることなく、自己申告制によりこれを行なわざるをえない場合、使用者は、
（a）自己申告制を導入する前に、その対象となる労働者に対して、労働時間の実態を正しく記録し、適正に自己申告を行なうことなどについて十分な説明を行なう、
（b）実際に労働時間を管理する者に対して、自己申告制の適正な運用などにつき、十分な説明を行なう
（c）自己申告により把握した労働時間が実際の労働時間と合致しているか否かについて、必要に応じて実態調査を実施する、
（d）自己申告した労働時間を超えて事業場内にいる時間について、その理由等を労働者に報告させる場合には、当該報告が適正に行なわれているかについて確認する
（e）労働者の労働時間の適正な申告を阻害する目的で時間外労働時間数の上限を設定するなどの措置を講じてはならず、また、時間外労働時間の削減のための社内通達や時間外労働手当の定額払等、労働時間に係る事業場の措置が、労働者の労働時間の適正な申告を阻害する要因となっていないかについて確認するとともに、当該要因となっている場合においては、改善のための措置を講ずる、の措置を講じなければならない。
⑥ いわゆる管理監督者およびみなし労働時間制が適用される労働者は、本基準の適用対象から除かれるが、それらの労働者についても、健康確保を図る必要があることから、使用者は適正に労働時間を管理する責務がある。

4　分かりにくくなっている労働時間概念

判例法上および行政解釈上の労働時間概念は基本的に支持されるべきものと考えるが、その適用につき次のような問題も存している。基準と

しての明確性が欠如し、労使による関与が一定程度要請される側面がある。その点では、判例法理の一定の見直しが必要とされよう。

　その1は、1日8時間以内の労働（ここでは所定内労働と表示する）とそれ以上の労基法上の割増賃金が発生する労働（時間外労働）とを明確に区別していないことである。この点は前述した。判例法上の労働時間概念は、通常割増賃金の請求事案で問題になるのでもっぱら時間外労働を前提にしている。このルールを所定内労働にそのまま適用しうるかは必ずしもはっきりしない。つまり所定内の場合は、賃金カットの理由として使用者が「労働をしなかったこと」を立証し、時間外の場合は労働者が割増賃金請求のために「労働したこと」を立証する必要がある。同じ「指揮命令下」であっても、立証すべき指揮命令の内容や強度に大きな違いがある。所定内・所定外を通じた統一的な労働時間概念ははっきりしていないわけである。学界ではこのような問題関心さえ共有されていない。

　その2は、「指揮命令」概念自体が拡散していることである。客待ち時間や待機、仮眠時間も指揮命令下とされているが実際の労働強度や緊張度はかなり緩やかである。読書等の私的行為もできる。しかし、判例法上それを労働時間とみなすか否かについては労使が自由に決定することはできない。もっとも、それに対応する「時給額」をどう定めるかについては労使交渉の余地があり（大星ビル管理事件・最一小判平成14.2.28労働判例822号5頁参照）、これがある種の調整原理といえる。

　その3は、指揮命令概念の抽象化の必要性である。「抽象化」とは実際の個々的具体的な指揮命令ではなく通常想定される指揮命令から労働時間を算定するアプローチ（ある仕事のために何時間働いたであろうこと）である。たとえば、阪急トラベルサービス（第二）事件は、労基法38条の2第1項のみなし労働時間制の適用の有無が争われたものである。最二小判（平成26.1.24労働判例1088号5頁）は、実労働時間に着目すべきであるが、労働時間性について「想定される作業量」からそれを算定している。実際はみなし的な算定をしているわけである。この種事案につき、何時間就労したかを個別的具体的に立証することは事実上困難

なのでこのようなアプローチはやむをえないものと思われる。ここでは一般的に想定される働き方・労働時間が問題となる。指揮命令概念の抽象化（ある意味定型化）にほかならない。「諸般の事情を総合考慮した概括的な推認の余地」という表現を使う例もある（ナック事件・東京地判平成 30.1.5 労働経済判例速報 2345 号 3 頁）。

　以上のような問題をふまえると、労働時間概念についても、一定の場合には労使の決定に委ねる必要がある（たとえば、労働時間とみなされる着替えの時間を 10 分と特定する）。法解釈のレベルだけでは就労実態に適切に対処できないからである。このような関与は、ルール設定だけではなく権利実現レベルについてもプラスとなる。もっとも、決定内容が相当性でなければならず、労使自治の在り方が問われる（渡邊岳「割増賃金請求訴訟における労使協定を用いた実労働時間数の推定方法に関する一考察」季刊労働法 264 号〈2019 年〉100 頁参照）。

　なお、関連して同一労働同一賃金の問題もある。同一労働か否かの基準として市場原理的な要請をどう考慮するかは難問である。たとえば、パートの賃金につき、曜日または時間帯で異なることは珍しくない。たとえば、パートの採用が難しいので、日曜日の夕方の時間帯の時給が高いケースである。

第10章

ケガや病気は自分のせい

　仕事上のけがや病気で働けなくなると生活困窮になる危険がでてくる。そこで、労働法は、仕事に由来するけがや病気にかかる医療費や就労不能による生活費の確保のために社会保険たる労働災害補償制度を整備している。同時に、業務上のけが等を回避し、それに対する保障するために労契法5条は、「使用者は、労働契約に伴い、労働者がその生命、身体等の安全を確保しつつ労働することができるよう、必要な配慮をするものとする。」として使用者に安全配慮義務を課している。この労災補償制度と安全配慮義務法理（総称して「労災保障システム」）によって仕事上のけが等への保障が実現している。ただ、最近は、仕事と疾病との関連性が必ずしもはっきりしない過労死・過労自殺や職場での"うつ"が争われ、多くの解釈上の問題が提起されている。

　労災発生後の保障だけではなく労災の事前回避のために安衛法により安全衛生体制の整備もなされている。健康な働き方をするための健康診断や産業医による相談等が重視されている。他方、労働者のプライヴァシー保護の必要性も指摘されており、重要な論点となっている。さらに労働者の生活は、業務に由来しないけがや病気（私傷病）によっても苦しくなり、場合によれば解雇という事態にもなる。そこで、本章では、労災保障のシステムと私傷病をめぐる法律問題、とりわけ病気休職制度の在り方についても検討する。

1　労災補償制度とは

　「ケガと弁当は自分持ち」という言葉がある。仕事をしていてケガを

した場合には、労働者が自分の責任で治療等を行なうことをいう。労災保障制度はこの自己責任の修正から出発した。民法上は、使用者の故意・過失によって労働者が障害等を負った場合に使用者に賠償請求をすることは可能であった（709条）。しかし、会社を訴えることは容易ではなく、訴えたとしても故意・過失を立証することは困難であり、損害額の算定も必ずしも簡単ではない。さらに会社が争うならば裁判費用もかかり、実際には涙金であきらめることにならざるをえなかった。

　仕事に由来するケガや病気は基本的に会社の責任であるとみなしたのは、労基法上の災害補償制度によった。同法は、仕事上のケガや病気、死亡について、それが仕事に由来する危険が具体化した場合には「業務上」として、使用者が一定の補償をすることを義務づけるとともに補償内容を定型化した。同法75条は、療養補償として、「労働者が業務上負傷し、又は疾病にかかつた場合においては、使用者は、その費用で必要な療養を行い、又は必要な療養の費用を負担しなければならない。」と定め、76条は休業補償、77条は障害補償、さらに78条は遺族補償を定めている。ここに会社の過失の有無を問わない無過失責任主義に基づく労災保障制度はスタートしたわけである。

　しかし、使用者が業務性に疑問をもつ事例や使用者に資力がないケースでは、実際の補償を受けることは困難であった。そこで、迅速・確実な給付のために社会保険化が図られ（労働者災害補償保険法）、その後、補償内容の生活保障化、つまり年金制度と通勤災害制度の導入も図られた。現代では、労災は労基法よりも労災保険法の事案として処理されている。

　同法1条は、「労働者災害補償保険は、業務上の事由又は通勤による労働者の負傷、疾病、障害、死亡等に対して迅速かつ公正な保護をするため、必要な保険給付を行い、あわせて、業務上の事由又は通勤により負傷し、又は疾病にかかつた労働者の社会復帰の促進、当該労働者及びその遺族の援護、労働者の安全及び衛生の確保等を図り、もつて労働者の福祉の増進に寄与することを目的とする。」と定めている。

　ところが1970年頃から仕事上のケガ・死亡等を理由とする民事裁判

（労災民訴）が増加し、最高裁が自衛隊八戸駐屯基地事件（最三小判昭和50.2.25労働判例222号13頁）において使用者の安全配慮義務を認めてから、これが判例法理として確立した。現在、いわゆる労災事件は、労災保険法上の事案と労災民事事件があり、同一事案につき双方の請求がなされることも少なくない。

2　業務上か業務外か

　労基法上の労災とは仕事上の危険にともなう負傷や疾病であり、通常は業務遂行中に業務に起因して起こる。使用者の支配下にあることによる一般的危険が具体化したものといわれる。具体的には次のようなパターンがある。

　第1は、仕事に由来する疾病、つまり職業病である。業務との因果関係が必ずしも明確でない場合もあるので、労基法75条2項、労基法施行規則35条は、別表において具体例をあげている。しかし、近時、頸肩腕症候群、腰痛、過労死等その判断が困難な事例が増加しており関連通達が発せられている（過労死事案については後述）。労災認定は、迅速、公平にかつ明確な規準によって行なうことが期待されているので通達のもつ意味は重要である。

　なお、発症自体に公務起因性がなくともその後の公務従事のために治療機会を喪失したケースについても公務災害が認められている（地公災基金東京支部長（町田高校）事件・最三小判平成8.1.23労働判例687号16頁。否定する例もある瑞鳳小学校事件・名古屋高判平成10.3.31労働判例739号71頁）。

　第2は、就業中の災害によるものであり、仕事と災害との関連が主に争われる。作業用具や施設の不備や同僚の過失による負傷等である。被災労働者に過失や法令違反があっても（たとえばスピード違反）業務上とされる。作業中断中であっても、トイレや水飲みの際の負傷（転倒）は業務に付随するものとして業務上とされる。また、準備や後片付けについても同様である。

他方、天災地変による負傷は仕事に由来する危険といえないので原則は業務外とされる。もっとも、実際には阪神淡路大震災（1995年1月17日）や東日本大震災（2011年3月11日）に際して発生した災害については、当該災害を被りやすい業務上の危険があったとして業務上の認定を受けている場合が多い。業務外が原則であるとまでいえるかははっきりしない。

　第3に、就業時間以外であっても、事業施設の利用中や出張中の負傷については、明確に私的行為でないかぎり業務上とされる。

　第4に、通勤途上の負傷については、「通勤災害」として特別の補償を受けるが（後述）、①事業場専用の交通機関による、②途中で用務をなす、③緊急的業務による早出出勤、等の場合は業務上とされ「労働災害」とみなされる。

　第5に、会社の運動会や宴会に由来する負傷等については、それへの参加が義務づけられ、事業の運営上必要な場合は業務上となる。デリケートなのは飲酒による死亡等の事案であり、飲酒に業務との関連性が認められる（出張中の転落事故、大分労基署長（大分放送）事件・福岡高判平成5.4.28労働判例648号82頁、中国ロケ中の飲酒に基づく窒息死、渋谷労働基準監督署長事件・東京地判平成26.3.19労働判例1107号86頁）と業務上とみなされる。明確な線引きは困難である。

　第6に、部下や同僚、さらに顧客からの暴行についても、それが業務に関連するかぎり業務上とされる。警備員によるマークレディ殺害が労災とされた例として尼崎労基署長（園田競馬場）事件・大阪高判（平成24.12.25労働判例1079号98頁）がある。

3　安全配慮義務とは

　仕事上のケガ等につき、民法に基づき使用者に責任を追及することが困難であるがゆえに労基法・労災保険制度が形成されてきた。しかし、公害事件の処理等を通じて民法理論が変化し、過失の認定等が大幅に緩和されたために、労災についても民事訴訟が増加してきた。当初は不法

行為として、昭和50年頃からは、労働契約上の安全配慮義務違反として損害賠償を認める判例法理が確立した。理論的な整備とともに加害企業の責任を追及したいという遺族の気持ちがこのような訴訟の背景にある。その後、労契法も5条において、「使用者は、労働契約に伴い、労働者がその生命、身体等の安全を確保しつつ労働することができるよう、必要な配慮をするものとする。」と定めるに至った。

安全配慮義務法理形成のリーディングケースとなったのが、車両整備中の交通事故死が争われた自衛隊八戸駐屯基地事件であり、最判（最三小判昭和50.2.25民集29巻2号143頁）は、「ある法律関係に基づいて特別な社会的接触の関係に入った当事者間において、当該法律関係の付随的義務として当事者の一方又は双方が相手方に対して信義則上負う義務」と判示した。

その後この安全配慮義務は多様な事件を通じて次のように具体化している。

第1は、職場において物的環境を整備することであり、たとえば、防犯チェーン等の物的設備の完備、宿直員の増員等があげられている（川義事件・最三小判昭和59.4.10判例時報1116号33頁）。

第2は、ケガや疾病の予防回避措置である。安全教育（種広商店事件・福岡地判平成25.11.13労働判例1090号84頁）や健康管理（労働安全衛生法66条）があげられる。この健康管理との関連では、健康診断を実施する使用者の義務とともにその実施が労働者のプライヴァシーを侵害しないかが争われている。電々帯広局事件は、労災による休業者に対し、頸肩腕症候群総合精密検診を受診すべきという業務命令が出され、当該命令違反を理由とする戒告処分の効力が争われたものである。最判（最一小判昭61.3.13労働判例470号6頁）は、就業規則および健康管理規定上使用者が必要な指示をなしうることを前提に、合理性、相当性が認められるかぎり受診命令を発しうるとした。また、愛知県教育委員会事件では、市立学校教職員に対する定期健康診断においてエックス線検査の受診を拒否したことを理由とする減給処分の適否が争われた。最判（最一小判平成13.4.26労働判例804号15頁）は、市立学校教職員は「その職

務を遂行するに当たって、労働安全衛生法66条5項、結核予防法7条1項の規定に従うべきであり、職務上の上司である当該中学校の校長は、当該中学校に所属する教諭その他の職員に対し、職務上の命令として、結核の有無に関するエックス線検査を受診することを命ずることができる」と判示している。

　過労死との関連に置いては、長時間労働等の働かせ方も「健康配慮義務」違反として問題とされている。

　第3は、ケガや病気が発生した場合の作業中止等の適切な緊急措置である。職場で労働者が倒れた場合に、その原因が仕事にない場合でも、救急車を呼ぶなど適切な行為をしなければ安全配慮義務違反とされる。

　ところで、安全配慮義務は、契約上の義務なので、当該労使関係の個別事情が重視される。たとえば、病弱な労働者に対し本人にとって過重な仕事をさせることは、平均的労働者にとって負担でない場合でも安全配慮義務違反とされる。

　もっとも損害額について本人の事情（基礎疾病等）を理由とする素因減額や本人の健康管理上の過失を理由とする過失相殺で損害額を調整することはできる（天辻鋼球製作所事件・大阪高判平成23.2.25労働判例1029号36頁）。具体的には次の2つのケースが争われており、最判は基本的に過失相殺を認めない傾向を示している。

　その1は、本人の性格であり、この点は過労自殺が安全配慮義務違反に当たるかが争われた電通事件で正面から問題となった。東京高判（平成9.9.26労働判例724号13頁）は、過失相殺の類推適用により3割の減額をしたが、最判（最二小判平成12.3.24労働判例779号13頁）は次のように説示して減額を認めなかった。この立場が判例法理といえる（もっとも、8割の減額を認めている例もある。糸島市事件・福岡高判平成28.11.10労働判例1151号5頁）。

　「企業等に雇用される労働者の性格が多様のものであることはいうまでもないところ、ある業務に従事する特定の労働者の性格が同種の業務に従事する労働者の個性の多様さとして通常想定される範囲を外れるものでない限り、その性格及びこれに基づく業務遂行の態様等が業務の過

重負担に起因して当該労働者に生じた損害の発生又は拡大に寄与したとしても、そのような事態は使用者として予想すべきものということができる。しかも、使用者又はこれに代わって労働者に対し業務上の指揮監督を行う者は、各労働者がその従事すべき業務に適するか否かを判断して、その配置先、遂行すべき業務の内容等を定めるのであり、その際に、各労働者の性格をも考慮することができるのである。したがって、労働者の性格が前記の範囲を外れるものでない場合には、裁判所は、業務の負担が過重であることを原因とする損害賠償請求において使用者の賠償すべき額を決定するに当たり、その性格及びこれに基づく業務遂行の態様等を、心因的要因としてしんしゃくすることはできないというべきである。」

その2は、本人が自分の病状を申告しなかったために使用者の対応が不十分であった場合である。東芝事件では、メンタル関連の情報を通知しなかったことを理由とする過失相殺の有無が争点となり、最判（最二小判平成26.3.24労働判例1094号22頁）は、「申告しなかった自らの精神的健康（いわゆるメンタルヘルス）に関する情報は、神経科の医院への通院、その診断に係る病名、神経症に適応のある薬剤の処方等を内容とするもので、労働者にとって、自己のプライバシーに属する情報であり、人事考課等に影響し得る事柄として通常は職場において知られることなく就労を継続しようとすることが想定される性質の情報であったといえる。」として原審（東京高判平成23.2.23労働判例1022号5頁）では認めた過失相殺を認めていない。

その点、労災保険は、社会保険にほかならないので個別の事情や個々人の健康状態等はそれほど重視されず、一定の定型化した補償がなされる。

なお、安全配慮義務という発想は、職場環境の整備をも対象とすることによって、その後セクハラ事案（京都セクハラ事件・京都地判平成9.4.17労働判例716号49頁）や雇用終了事案との関連（エフピコ事件・水戸地下妻支判平成11.6.15労働判例763号7頁）でも拡張されている例がある。

4　過労死・過労自殺

　死ぬまで働くことは、理解を超える。しかし、ハイテンションな職場で重いノルマを負わされるとそのような事態になりがちである。とりわけ、長時間労働をよしとする企業文化が蔓延している職場では、自分を見失うことは珍しくない。自分を守るためには、病気になって自分を守るという緊急避難的な方法もないわけではないが、休みたいと自己主張をする資質が不可欠である。ここでは過労死、過労自殺をめぐる法的論点を検討する。

　過労死防止法1条は、「この法律は、近年、我が国において過労死等が多発し大きな社会問題となっていること及び過労死等が、本人はもとより、その遺族又は家族のみならず社会にとっても大きな損失であることに鑑み、過労死等に関する調査研究等について定めることにより、過労死等の防止のための対策を推進し、もって過労死等がなく、仕事と生活を調和させ、健康で充実して働き続けることのできる社会の実現に寄与することを目的とする。」と定めている。このような法律があること自体が恥ずかしいことである。「親孝行促進法」のある国のことを想像するとぞっとする。

1）過労死

　いわゆる過労死が労災に該当するかについては、長時間労働以外に被災者の病気や生活態度が死亡に影響する場合もあるので、その認定はデリケートな作業であった。たとえば、長期間・長時間の運転のために発症したくも膜下出血の業務性につき横浜南労基署長事件・最判（平成12.7.17労働判例785号6頁）は次のように説示している。

　「上告人の右基礎疾患が右発症当時その自然の経過によって一過性の血圧上昇があれば直ちに破裂を来す程度にまで増悪していたとみることは困難というべきであり、他に確たる増悪要因を見いだせない本件においては、上告人が右発症前に従事した業務による過重な精神的、身体的

負荷が上告人の右基礎疾患をその自然の経過を超えて増悪させ、右発症に至ったものとみるのが相当であって、その間に相当因果関係の存在を肯定することができる。」

　この種事案の認定につき、基準の明確性に欠けるので認定基準「中枢神経及び循環器系疾患（脳卒中、急逝心臓死等）の業務上外認定基準」の明確化が次のように図られてきた。

　昭和36年の基準（基発116号）は、特別な過激な仕事（突発事態に対する徹夜作業）があったかを問題としていた。過労死問題が意識されたのは昭和60年以降であり、加重負荷が発症前1週間程度（昭和62.10.26年基発620号）、1週間を超える期間も判断材料（平成7.2.1基発38号）にする立場がとられた。その後平成13年の基発1063号は、疲労の蓄積を6か月までを判断材料とするとともに、残業時間につき1か月前までは月100時間、2か月から6か月前までは80時間という基準を明示した。同時に過重業務の負荷要因として次のような勤務形態等があげられている。

　「a労働時間　労働時間の長さは、業務量の大きさを示す指標であり、また、過重性の評価の最も重要な要因であるので、評価期間における労働時間については、十分に考慮すること。たとえば、発症直前から前日までの間にとくに過度の長時間労働が認められるか、発症前おおむね1週間以内に継続した長時間労働が認められるか、休日が確保されていたか等の観点から検討し、評価すること。

　b不規則な勤務　不規則な勤務については、予定された業務スケジュールの変更の頻度・程度、事前の通知状況、予測の度合、業務内容の変更の程度等の観点から検討し、評価すること。

　c拘束時間の長い勤務　拘束時間の長い勤務については、拘束時間数、実労働時間数、労働密度（実作業時間と手待時間との割合等）、業務内容、休憩・仮眠時間数、休憩・仮眠施設の状況（広さ、空調、騒音等）等の観点から検討し、評価すること。

　d出張の多い業務　出張については、出張中の業務内容、出張（とくに時差のある海外出張）の頻度、交通手段、移動時間及び移動時間

中の状況、宿泊の有無、宿泊施設の状況、出張中における睡眠を含む休憩・休息の状況、出張による疲労の回復状況等の観点から検討し、評価すること。

e 交替制勤務・深夜勤務　交替制勤務・深夜勤務については、勤務シフトの変更の度合、勤務と次の勤務までの時間、交替制勤務における深夜時間帯の頻度等の観点から検討し、評価すること。

f 作業環境　作業環境については、脳・心臓疾患の発症との関連性が必ずしも強くないとされていることから、過重性の評価に当たっては付加的に考慮すること。

　(a) 温度環境　温度環境については、寒冷の程度、防寒衣類の着用の状況、一連続作業時間中の採暖の状況、暑熱と寒冷との交互のばく露の状況、激しい温度差がある場所への出入りの頻度等の観点から検討し、評価すること。なお、温度環境のうち高温環境については、脳・心臓疾患の発症との関連性が明らかでないとされていることから、一般的に発症への影響は考え難いが、著しい高温環境下で業務に就労している状況が認められる場合には、過重性の評価に当たって配慮すること。

　(b) 騒音　騒音については、おおむね80dBを超える騒音の程度、そのばく露時間・期間、防音保護具の着用の状況等の観点から検討し、評価すること。

　(c) 時差　飛行による時差については、5時間を超える時差の程度、時差を伴う移動の頻度等の観点から検討し、評価すること。

g 精神的緊張を伴う業務　精神的緊張を伴う業務については、別紙の「精神的緊張を伴う業務」に掲げられている具体的業務又は出来事に該当するものがある場合には、負荷の程度を評価する視点により検討し、評価すること。また、精神的緊張と脳・心臓疾患の発症との関連性については、医学的に十分な解明がなされていないこと、精神的緊張は業務以外にも多く存在すること等から、精神的緊張の程度が特に著しいと認められるものについて評価すること。」

平成22年に労基法施行規則別表1の2の例示疾病に「長期間にわた

る長時間の業務その他血管病変等を著しく増悪させる業務による脳出血、くも膜下出血、脳梗塞、高血圧性脳症、心筋梗塞、狭心症、心停止（心臓性突然死を含む。）若しくは解離性大動脈瘤又はこれらの疾病に付随する疾病」が追加された。

　現在では、業務による明らかな過重負担の例として、①異常な出来事、②短期間の過重業務、③長期間の過重業務が挙げられている。

　この過労死基準については、業務上の認定だけではなく、安全配慮義務との関係でも重視されており、基本的に2つの論点が提起されている。

　その1は、労働時間の算定をどうするかであり、裁判例においては、賃金請求権の事案よりは緩和された判断が示されている。たとえば、ISO認証取得準備のために自宅で行なった作業時間（甲府労基署長（潤工社）事件・甲府地判平成23.7.26労働判例1040号43頁）や超音波検査に関する職場での自習時間（医療法人雄心会事件・札幌高判平成25.11.21労働判例1086号22頁）である。

　その2は、業務の過重性の判断につきどのような労働者を基準とすべきかである。この点は、平成13年通達において、「特に過重な業務に就労したと認められるか否かについては、業務量、業務内容、作業環境等を考慮し、同僚労働者又は同種労働者（以下「同僚等」という。）にとっても、特に過重な身体的、精神的負荷と認められるか否かという観点から、客観的かつ総合的に判断すること。」とするとともに「同僚等とは、当該労働者と同程度の年齢、経験等を有する健康な状態にある者のほか、基礎疾患を有していたとしても日常業務を支障なく遂行できる者をいう。」とした。

2）過労自殺

　過労死とともに過労自殺についても事件が急増している。基本的パターンは、長時間労働やパワハラによりうつに罹患しそれに基づき自殺をするものであり、安全配慮義務違反が争われた電通事件・最判（最二小判平成12.3.24労働判例779号13頁）がリーディングケースといえる。同最判は次のように説示している。

「労働者が労働日に長時間にわたり業務に従事する状況が継続するなどして、疲労や心理的負荷等が過度に蓄積すると、労働者の心身の健康を損なう危険のあることは、周知のところである。労働基準法は、労働時間に関する制限を定め、労働安全衛生法65条の3は、作業の内容等を特に限定することなく、同法所定の事業者は労働者の健康に配慮して労働者の従事する作業を適切に管理するように努めるべき旨を定めているが、それは、右のような危険が発生するのを防止することをも目的とするものと解される。これらのことからすれば、使用者は、その雇用する労働者に従事させる業務を定めてこれを管理するに際し、業務の遂行に伴う疲労や心理的負荷等が過度に蓄積して労働者の心身の健康を損なうことがないよう注意する義務を負うと解するのが相当であり、使用者に代わって労働者に対し業務上の指揮監督を行う権限を有する者は、使用者の右注意義務の内容に従って、その権限を行使すべきである。」

その後、職場のストレス(昇進・配転・上司とのトラブル・パワハラ)に基づくうつのケースが増加している。それをふまえた次のような認定基準(心理的負荷による精神障害の認定基準、平成23.12.26基発1226第1号)が整備されている。

次の①、②および③のいずれの要件も満たす対象疾病は、労基法施行規則別表第1の2第9号に該当する業務上の疾病として取り扱う。
① 対象疾病を発病していること。
② 対象疾病の発病前おおむね6か月の間に、業務による強い心理的負荷が認められること。
③ 業務以外の心理的負荷および個体側要因により対象疾病を発病したとは認められないこと。

この②の「業務による強い心理的負荷」についても類型化が図られている。

5 通勤災害制度

労災保険法は、労災以外に通勤災害(通災)制度を設けており、労災

とほぼ同様の補償を図っている。「通勤」とは、就業に関し住居と就業の場所との間の往復を合理的な経路および方法で行なうことをいう（7条2項）。その間に移動の経路を逸脱し、または中断した場合は通勤とはいえない（7条3項）。もっとも寄り道が日用品の購入、保育所への送迎、通院、介護等の「日常生活上必要な行為」である場合は、その間は通勤とされないが、それが終了して通常の帰路に復帰した以後は通勤とされる。

　この通勤災害の典型は、通勤にともなう危険つまり交通事故である。それ以外に、階段や雪道で転倒したりすることも含まれる。

6　私傷病をめぐる問題

　労働者のけがや病気が仕事に関係がない私傷病の場合についても多くの法的問題がある。とりわけ、メンタル不調者の復職のあり方等の難問がある。

1）病気を理由とする雇用関係の解消

　労働者はいろいろな理由によって病気やケガをする。軽いケガや風邪の場合には、解雇等の問題は生じないが、長期の疾病の場合はおおむね次のような問題が生じる。

　第1に、業務上の疾病の場合は、療養のための休業期間およびその後30日間は解雇は禁止され（労基法19条）、当該解雇や退職取扱いは無効となる。この休業期間は、病気が治癒するか症状が固定化するまで続くが、療養開始から3年経過後に使用者が平均賃金の1200日分の打切補償を行なった場合（同法81条。天災事変その他やむをえない事由のために事業の継続が不可能となった場合も解雇しうる。19条後段）、または3年経過した日において労災保険法上の傷病補償年金を受けている、もしくは受けるようになった場合には、その日以降の解雇は労基法19条には違反しない。

　この労基法19条については、仕事上のけが等が労災であることが明

確な場合は別として、職場のうつ等メンタルがらみのケースではその適用について争いが生じることが多い。とりわけ、19条の適用につき労基署による労災認定を必ずしも前提としていないので、裁判所が独自に労災認定をするので予測可能性に欠けることになる。実際にも、労災と認められた例（ケーエーエス事件・東京地判平成28.6.15労働経済判例速報2296号17頁、ゴールドチル（抗告）事件・名古屋高決平成29.1.11労働判例1156号18頁、学校法人武相学園事件・東京高判平成29.5.17労働判例1181号54頁）も少なくない。

　第2に、私傷病の場合は、その程度によっては職務上の能力・適性に欠けるとして普通解雇がなされる。とはいえ、解雇には正当事由が必要であるので、病気の程度・回復可能性、職務・業務の種類等に応じて長期の就労不能が客観的に認められる場合でなければならない。

　とりわけ、メンタルがらみの事案については慎重な対応が要請される。たとえば、日本ヒュレッドパッカード事件・最判（最二小判平成24.4.27労働判例1055号5頁）は、以下のように無断欠勤を理由とする懲戒処分を無効と判示している。「精神的な不調のために欠勤を続けていると認められる労働者に対しては、精神的な不調が解消されない限り引き続き出勤しないことが予想されるところであるから、使用者である上告人としては、その欠勤の原因や経緯が上記のとおりである以上、精神科医による健康診断を実施するなどした上で（記録によれば、上告人の就業規則には、必要と認めるときに従業員に対し臨時に健康診断を行うことができる旨の定めがあることがうかがわれる。）、その診断結果等に応じて、必要な場合は治療を勧めた上で休職等の処分を検討し、その後の経過を見るなどの対応を採るべきであり、このような対応を採ることなく、被上告人の出勤しない理由が存在しない事実に基づくものであることから直ちにその欠勤を正当な理由なく無断でされたものとして諭旨退職の懲戒処分の措置を執ることは、精神的な不調を抱える労働者に対する使用者の対応としては適切なものとはいい難い。」

　第3に、私傷病の場合であっても通常は、すぐ解雇されることは少ない。以下のように就業規則等に基づき病気（傷病）休職制度がある場合

が多いのでその対象になり、労働者側からの復職要求の当否や期間満了にともなう退職取扱いの適否が争われることとなる。

2）病気休職制度とは

いろいろな理由によって就労が不可能になった場合に、従業員身分を保有しながら就労を免除するための制度として病気（傷病）休職制度がある。その内容（事由、期間、賃金補償の有無・程度等）は、各休職制度に応じて就業規則により定まっている。多くの就業規則において長期疾病の場合に、すぐ解雇することなく病気休職を認めている。業務外の傷病により労務提供ができない従業員に対し退職を猶予してその間傷病の回復を待つことによって、労働者を退職から保護する制度である。

法的には、①どのような場合に当該休職事由があるといえるか、②休職期間中に労働者はどのような要件をみたしたならば復職を要求しうるか、③どのような場合に休職期間満了を理由に退職取扱いが許されるか、④休職期間中のリハビリ出勤は労務提供に該当するか、⑤休職期間満了時の契約関係の終了事由は、期間の満了なのか解雇なのか、が争われる。主要な論点は③であり、ほぼ完治している場合には復職は認められ、まったく就労が不可能の場合には認められない。問題は、その中間的なケース、つまり、一定の受け入れ態勢や準備をしたならば就労可能な場合や以前に就労している仕事ではなくより軽微な仕事ならば就労可能な場合である。裁判例の傾向は、事案の違いもあり一応二分されている。

以前に遂行していた職務を提供できない場合には、「道義的には別として、使用者において右労務を受領すべき法律上の義務や受領のために労働者の健康状態に見合う職種、内容の業務を見つけて就かせなければならないとの法律上の義務」はなく、「他の職務ならば就労可能であるとしても、そのことから直ちに休職事由が消滅した」とはいえない（ニュートランスポート事件・静岡地富士支部決昭和62.12.9労働判例511号65頁）として原告の職種や傷病の程度から復職拒否を相当とする立場（昭和電工事件・千葉地判昭和60.5.31労働判例461号65頁）がある。北海道龍谷学園事件・札幌高判（平成11.7.9労働判例764号17頁）は、高校の

保健体育教諭に対し脳卒中ゆえに右半身不随であることを理由に復職を拒否したことを相当と判示している。

他方、使用者に対し一定の受け入れ態勢を取るべきであるとして退職取扱いを無効とする立場も有力になっている。このような判断の基礎となる視点は、病気のため現場監督の仕事ができなくなったときの処遇が争われた片山組事件につき示された最判（最一小判平成 10.4.9 労働判例 736 号 15 頁）の次のような説示である。

「労働者が職種や業務内容を特定せずに労働契約を締結した場合においては、現に就業を命じられた特定の業務について労務の提供が十全にはできないとしても、その能力、経験、地位、当該企業の規模、業種、当該企業における労働者の配置・異動の実情及び難易等に照らして当該労働者が配置される現実的可能性があると認められる他の業務について労務の提供をすることができ、かつ、その提供を申し出ているならば、なお債務の本旨に従った履行の提供があると解するのが相当である。そのように解さないと、同一の企業における同様の労働契約を締結した労働者の提供し得る労務の範囲に同様の身体的原因による制約が生じた場合に、その能力、経験、地位等にかかわりなく、現に就業を命じられている業務によって、労務の提供が債務の本旨に従ったものになるか否か、また、その結果、賃金請求権を取得するか否かが左右されることになり、不合理である。」

実際にも、北産機工事件は、営業職の労働者が交通事故にあい脳挫傷等の障害を受けた 6 か月後の休職期間満了時においても手のふるえと足のしびれ等が残った事案である。札幌地判（平成 11.9.21 労働判例 769 号 20 頁）は、通常の仕事は可能な状況に回復していたのであり、「少なくとも、直ちに 100 パーセントの稼働ができなくとも、職務に従事しながら、2、3 か月程度の期間を見ることによって完全に復職することが可能であった」と判断している。また、同種の判断は、JR 東海事件・大阪地判（平成 11.10.4 労働判例 771 号 25 頁）、全日本空輸事件・大阪高判（平成 13.3.14 労働判例 809 号 61 頁）においても示されている。

近時メンタルがらみの疾病に関する事案が増加する傾向にあり、復職

可能性の判断が困難となっている。同時に、医者（主治医、産業医）の判断をどの程度重視するかも論点となっており、主治医の判断が否定された例としてコンチネンタルオートモーティブ事件・東京高判（平成29.11.15労働判例2354号3頁）が産業医の判断が否定された例として神奈川SR経営労務センター事件・横浜地判（平成30.5.10労働経済判例速報2352号29頁）がある。

　復職可能性の程度については、退職取扱いが無効とされた例として、ヴィディックプロダクト事件・名古屋高判（平成26.9.25労働判例1104号14頁）、エム・シー・エンド・ピー事件・京都地判（平成26.2.27労働判例1092号6頁）、前掲・神奈川SR経営労務センター事件・横浜地判等がある。

　他方有効とされた例として、横川電機事件・東京高判（平成25.11.27労働判例1091号42頁）、伊藤忠商事事件・東京地判（平成25.1.31労働経済判例速報2185号3頁）、前掲・コンチネンタルオートモーティブ事件・東京高判等がある。復職可能性に関する判断は病状が多様なこともあって困難になっているわけである。とりわけ、職務遂行上コミュニケーション能力が不可欠な職務については復職可能性は認められにくい（日本電気事件・東京地判平成27.7.29労働判例1124号5頁）。また、自己の病識の欠如も問題になっている（東京電力パワーグリッド事件・東京地裁平成29.11.30労働経済判例速報2337号3頁）。

　復職過程における復職の申込の時期や仕方（名港陸運事件・名古屋地判平成30.1.31労働判例1182号38頁）、さらにその間の処遇（たとえば、リワークやリハビリ出勤）の法的性質も争われている。NHK事件・名古屋高判（平成30.6.26労働経済判例速報2359号3頁）は、リハビリ出勤中の労務提供につき最低賃金相当額の賃金の支払いを命じている。

　病気休職事案における復職可能性を適格に判断することは、職務概念が明確でなくまた配置換え頻繁になされているケースもあるので、必ずしも容易ではない。復職可能性に関する医師の判断がどの程度適正かという問題もある。さらに、障害者雇用の促進の観点からは、復職について「合理的配慮」をすべきという要請（障害者雇用促進法36条の2、36

条の3）も見逃せない。「復職」概念自体も不明確・流動的なので、労使の納得いく解決のためには、復職過程における協議・説明の在り方がポイントといえる（長谷川珠子『障害者雇用と合理的配慮』日本評論社、2018年）。

第 11 章

解雇の作法

　雇用終了は、労働者の仕事や生計の基盤とともに働くことによる自己成長の機会を奪うので紛争も多い。この雇用終了の規制はワークルールの主要目的であり、最近は解雇以外に労働者の意思に基づく退職や有期雇用の更新拒否事案も増加しており、法的な課題も明らかになっている（解雇全般については、道幸哲也＝小宮文人＝島田陽一『リストラ時代　雇用をめぐる法律問題』旬報社、1998 年、小宮文人『雇用終了の法理』信山社、2010 年、野田進＝野川忍＝柳澤武＝山下昇『解雇と退職の法理』商事法務、2012 年、等）。

　11 章では、解雇を中心に雇用終了に関する全体状況とパターンを検討し、それをふまえて解雇の仕方、解雇事由について検討する。12 章では、退職、有期雇用の更新拒否について解説する。退職、有期雇用の更新拒否についての法理は混迷しており、未解明の部分が多い。

1　契約関係解消（雇用終了）の基本的パターン

　労働契約関係を解消するパターンはおおむね以下のとおりである。
　当事者の意思によらない（たとえば、定年年齢への到達、契約期間の満了、労働者の死亡）ケースもあるが、通常は意思によるものである。もっとも、有期雇用の満了自体（3 月 31 日の到来）はたしかに意思によらないが、有期と決めることやその期間（2 か月、1 年等）は労使の意思による。また、期間満了時においても「更新拒否」の意思は表示されることが多い。この点ではやはり当事者の意思が介在しているとみることができる。

意思によることがはっきりしているパターンとしては、使用者の一方的な意思による「解雇」、労働者の一方的意思による「辞職」、双方の合意による「合意解約」を想定しうる。このうち、解雇については、古典的論点であり多くの裁判例もあるので法理はほぼ確立している。

しかし、労働者の意思が関与する「辞職」と「合意解約」についてはその法的構成は必ずしも十分に理解されていない。退職（辞職と合意解約を総称している）につき、この２つのパターンがあるのさえ理解していない人がほとんどである。労基法は、この種の退職問題についてほとんど規定を有しない（22条・退職時の証明、23条・金品の返還はある）ので、結局、この問題の解明のためには判例法をフォローする必要がある。

雇用終了の基本的パターンは使用者の意思による解雇である。この解雇には正当な理由が必要なことは多くの人が知っている。労契法もその16条で「解雇は、客観的に合理的な理由を欠き、社会通念上相当であると認められない場合は、その権利を濫用したものとして、無効とする。」と規定している。

解雇につき裁判でも起こされたら解雇理由の立証が必要になり、使用者は多大のリスクを負う。同時に、解雇すること自体が人事管理の不適切さのあらわれという評価もなされる。そこで、多くの会社は、解雇に至る事態を極力避け、次のような仕方で雇用関係の解消を行なっている（多様な実態については、梅森浩一『「クビ！」論。』朝日新聞社、2003年、参照）。

その１は、自主退職の要請・強要である。解雇予告手当の支払い（労基法20条）を免れるとともに解雇にともなうリスクを負わないためである。労働者の意向で自主的に退職する場合には問題がないが、使用者がそれを強要する事案は少なくない。会社主導の職場いじめはそのような目的をもつものが多い。

その２は、労働契約に期間の設定をし、期間満了を理由に「自動的に」契約関係を解消することである。まさに終了理由を問わない自動的なところがポイントである。しかし、判例法上一定の制約が課され、その後判例法理を追認する形で立法化（労契法19条）がなされ、自動的な

雇用終了とはいえなくなった。しかし、解雇と異なり「更新拒否」の適否を争うことは必ずしも容易ではない。「自動的に」契約関係が解消されると考えられがちだからである。同時に、有期雇用者については無期労働者との間の均等・均衡待遇の大問題が発生している（労契法20条、パート・有期雇用労働法）。

　その3は、労働者を直接には雇用せず、請負や労働者派遣を通じて労働力を利用することもなされている。直接の雇用関係がないので、その終了のために「解雇」をする必要がないわけである。離婚（解雇）したくなければ結婚（採用）しないことである。このレベルの雇用保障となると、労務提供関係がはたして労働契約か、派遣の場合は派遣先との雇用関係を認めるべきかがその前提の問題となる。多様な働き方の観点からしても解釈的課題というより緊急の立法的課題といえる。

　以上のその1、その2の論点については13章で論じることにする。

2　解雇規制のアウトライン

　不当な解雇からの保護は現在でも労働法の主要な役割である。そこで、次のような多層な観点からの規制がなされている。

　第1は、差別的解雇の禁止である。たとえば、思想・信条（労基法3条）、性別（均等法6条）、組合員たることや正当な組合の活動をしたこと（労組法7条）ゆえの解雇は差別的なものとして禁止されている。また、特定の申告や申出をしたことを理由とする解雇も禁止されている（労基法104条、育児介護休業法10条）。

　第2に、解雇事由は就業規則の必要的記載事項なので（労基法89条3号）、就業規則上の解雇事由に該当しない解雇は就業規則違反として無効とされる。協約上の解雇事由についても同様に解されている。

　第3に、判例法（裁判所が多くの裁判を通じて形成した一般的な判断基準）は、正当な理由のない解雇を権利の濫用として無効としている。この判例法理は労契法16条の規定として立法化されている。結局、解雇には正当な理由を必要とするわけである。

解雇に対しては、一般的に手続的観点および実体的側面からの規制がなされている。判例法上、両者は一応別個独立の基準とされている。基準性が明確なルール（たとえば、協約上の解雇協議条項）については当該ルール違反だけで解雇は無効となるが、手続・実体双方の観点から解雇を濫用的なものとみなし「無効」とする例もある。さらに、手続き違反の態様によっては解雇を無効とせず、違法として損害賠償だけを認めることもある。

　では、どのような場合に解雇が正当とされるか。これは、労働者サイドに理由があるケースとしては、勤務成績不良、業務命令違反、病気等での就労不能等があげられる（普通解雇事由といわれる）。さらに、業務上横領や業務命令違反等の企業秩序違反行為を理由とする懲戒解雇の例も少なくない。他方、使用者サイドに理由があるケースが整理解雇にほかならない。

3　解雇過程をめぐる問題

　解雇の正当性を判断する際に解雇までの一連の手続が適正かが問題となる。そこでここでは解雇事由の設定から実際の解雇の意思表示までを一連の解雇過程ととらえ、手続的に何が問題となるかを考えてみたい。労働者の納得を得るうえでもまた無用の紛争を回避するためにも重要な事項である。

1）解雇過程

　解雇過程を広くとらえると、おおむね次のような4段階（解雇事由等の設定、解雇回避措置、事前手続、解雇告知）に区分しうる。解雇告知の法理については、項を改めて論じたい。

　第1は、解雇事由および解雇手続の設定段階であり、就業規則等による場合が多い。就業規則についてはその周知がとりわけ懲戒処分の有効要件であることを知っておく必要がある。

　第2は、雇用保障の観点からなされる多様な解雇回避措置であり、次

のような場合にとくに問題となる。解雇は企業外への排除を意味するので人事処遇の最終手段といえる。そのような事態を避けるために一定の措置をとる必要がある。

その1は、解雇回避のための教育的指導であり、非違行為の累積や勤務成績・態度不良、協調性欠如を理由とする解雇のケースにおいて争われる。たとえば、勤務態度不良を理由とする解雇の事案で考えてみると、勤務態度不良は、本人の責任にほかならないが、会社が十分に教育、指導をしなかったために勤務態度不良行為が継続したと評価されるケースもある。濫用性判断の重要なファクターとなる。

その2は、整理解雇の際の解雇回避措置であり、新規採用の中止、残業規制、出向・配転、希望退職の募集等がその具体例である。最近は再就職の斡旋の例もある。

その3は、就業規則等に基づく一定の身分保障措置、たとえば、解雇猶予措置としての病気休職や事故休職の実施である。

第3は、慎重な判断のための事前手続である。

その1は、適正な解雇をするための「調査」手続であり、本人および調査協力義務の有無、調査のための出頭命令、自宅待機命令等の是非が争われる（この点は前述）。

その2は、正式告知前の事前の解雇手続であるが、実際には第4の告知の問題と密接に関連している場合が多い。具体的には、（就業規則上の）弁明権の付与や（協約上の）解雇協議・同意条項の履行である。

第4は、解雇をなす際の告知手続であり、次の2つの観点からの規制がなされている。

その1は、解雇理由や就業規則等の該当事由の告知である。労基法22条1項は、「労働者が、退職の場合において、使用期間、業務の種類、その事業における地位、賃金又は退職の事由（退職の事由が解雇の場合にあっては、その理由を含む。）について証明書を請求した場合においては、使用者は、遅滞なくこれを交付しなければならない。」と証明書の交付義務を定めている。この退職事由や解雇理由の告知の要請は、雇用終了の性質（解雇なのか、退職なのか等）とともに解雇についてその理由を明

らかにすることにより無用な紛争を回避する目的をもつ。同時に、その後解雇事由の追加や差し替えを一定程度制約することになる。とりわけ懲戒解雇についてそういえる。

ところで、同条4項は、「使用者は、あらかじめ第三者と謀り、労働者の就業を妨げることを目的として、労働者の国籍、信条、社会的身分若しくは労働組合運動に関する通信をし、又は第1項及び第2項の証明書に秘密の記号を記入してはならない。」と規定している。このような規定がなされていることは特定の労働者排除のために業界等でこのような秘密の記号が使われていたことをはしなくも示すことにほかならない。差別禁止のために立派な規定と解するよりは過去の暗い慣行に思いを寄せるべき条文である。

その2は、労基法20条による解雇予告制度である。

以上の各論点のうち、ここでは実際上もとくに問題となる第4の解雇告知を中心に考えてみたい。

2) 解雇告知をめぐる法理

解雇の告知については、手続問題以前に使用者の意思がはたして「解雇」の意思表示といえるかが争われる。たとえば、「やめたら」とか「もう会社にこないで」という表現は解雇の意思表示なのか、会社からの合意解約の申込みなのか、ただ希望を表明しているだけなのかの論点であり、労基法22条の規定はこの点の明確化を図ったものといえる。

告知をめぐる主要論点は、解雇理由や就業規則の該当条項を明らかにしないことは許されるかである。この点は懲戒解雇事案で正面から争われ、新たな懲戒事由として年齢詐称を追加することはゆるされるかが山口観光事件において問題となった。最判（最一小判平成8.9.26判例時報1582号131頁）は、懲戒当時認識していなかった事由によりその有効性を根拠づけることはできないとして次のような判断を示している。

「具体的な懲戒の適否は、その理由とされた非違行為との関係において判断されるべきものである。したがって、懲戒当時に使用者が認識していなかった非違行為は、特段の事情のない限り、当該懲戒の理由とさ

れたものでないことが明らかであるから、その存在をもって当該懲戒の有効性を根拠付けることはできないものというべきである」。

　この判示は、懲戒解雇を前提とし、また、使用者が解雇当時認識していなかった事由を問題としているので、どの程度の一般性・先例性があるかがはっきりしない。解雇当時認識していても裁判になることを想定しないで解雇理由としない場合も想定しうるからである。

　では、この告知について、解雇時に解雇理由を明らかにしないことは許されるか、当該解雇は無効となるか。実際には、被解雇者が解雇理由の告知を求めなかったり、求めても理由を告知しない例は少なくない。大昔の裁判例では必ずしも無効としない例もある（たとえば、熊本電鉄事件・最二小判昭和28.12.4民集7巻12号1318頁、長野県厚生連事件・長野地判平成5.8.5労働経済判例速報1508号11頁）。しかし、解雇に正当事由が必要とする立場を貫くならば理由を明らかにすることは信義則上不可欠の要請であり、解雇理由を明らかにしない解雇は原則的に無効になると考えるべきであろう。

　その理由の1として、理由の開示を要求することは、会社の自己責任を明らかにするとともに恣意的な解雇の予防になる。同時に、被解雇者に対し弁明の機会を与える契機にもなるからである。たしかに、解雇理由を明らかにしないことは本人の（名誉の）ためという側面はないわけではないが、本人が理由の開示を望んだ場合にはその立論は根拠がない。実際には、本人のためというより、事実関係があいまいであったり就業規則の該当条文がはっきりしないという理由で、会社が解雇理由を明らかにしたくない（明らかにできない）ケースのほうが多いのではなかろうか。

　その2として、理由を明らかにすることによって、「解雇」の意思表示の存在を明確にしうるからである。解雇は、退職を要請しそれが失敗に終わった後になされる例が少なくないので、使用者の意思表示がはたして「退職の要請」なのか、「解雇」なのかどうかが争いになるケースが増加している。理由を明示させることは、この点の意思内容を明らかに、無用な紛争を未然に防ぐうえでも有用と思われる。労基法22条の

立法趣旨でもある。

　なお、裁判開始後に、原審で主張しなかった懲戒解雇事由を控訴審段階で主張することは攻撃防御の方法として時機に遅れたものという判断も示されている（A住宅福祉協会事件・東京高判平成26.7.10労働判例1101号51頁）。

4　解雇の争い方

　解雇について法的な争い方としては、解雇の「無効」を争うものと解雇が「違法」であるかを争うものに大別される。多くは、前者であり労契法16条も「その権利を濫用したものとして、無効とする」と規定している。解雇が無効となると、契約関係が継続するので「従業員たる地位」が認められ、復職までの期間に得ることができたであろう賃金額を請求しうる。その間に労務の提供がなされなくとも、使用者の責めに帰すべき事由に基づくとされるからである（民法536条2項）。その間に一時金や昇給がなされるとその分についても請求は認められる。また、解雇の目的や態様が悪質な場合には、（賃金支払い以外に）違法として慰謝料的な損害賠償が認められている例もある。

　この無効構成は、復職することを前提としている。しかし、人間関係等の理由で復職が困難、もしくはあんな会社への復職はまっぴらと考える場合には適さない。そこで、解雇が違法であり不法行為にあたるとして損害賠償だけの請求をする例も近時増加している。労働審判ではほとんどの事案で金銭解決が図られ、通常の裁判においても解雇無効の結論をえても実際に復職することは実際には難しいからである。

　ただこの違法構成については、違法基準と無効基準の違い（無効だけれど違法とされない例として除名無効の場合のユニオンショップ協定に基づく解雇が想定される）、損害額の具体的算定方法（実際には3か月ないし6か月分の賃金額が逸失利益と認定されている例が多い）等の未解決の問題が多い。そこで立法的解決が目指され「解雇の金銭解決制度」の構想がでてきている。

私はこの金銭解決「制度」に疑問をもっている。無効構成は不当な解雇を規制する原理的なサンクションであり、復職したい要請に合致しているからである。同時に実際の運営において原職復帰のプレッシャーにより効果的な「金銭解決」が図られている側面もある。制度化せず実際の運営にまかせたほうが全体として適切な解決がなされうるといえる。使用者には、解雇以外に多彩な労務管理技法があるので、解雇は使用者にとって多大なリスクがある最終手段と位置づけるべきであろう。

5　普通解雇の理由

　労契法16条は、「解雇は、客観的に合理的な理由を欠き、社会通念上相当であると認められない場合は、その権利を濫用したものとして、無効とする」と規定する。解雇の正当性は、一応「客観的合理性があるか」と「社会通念上相当であるか」の2段階で判断される。前者は、主に就業規則に規定されている（労基法89条1項3号）普通解雇事由に該当するかの問題であり、後者は解雇の経緯、労働者の情状、他の処分とのバランス等から判断される（たとえば、高知放送事件・最二小判昭和52.1.31労働判例268号17頁）。

　普通解雇事由は、厚労省のモデル就業規則によると、おおむね次のようなものである。

① 勤務状況が著しく不良で、改善の見込みがなく、労働者としての職責を果しえないとき。
② 勤務成績または業務能率が著しく不良で、向上の見込みがなく、他の職務にも転換できない等就業に適さないとき。
③ 業務上の負傷または疾病による療養の開始後3年を経過しても当該負傷または疾病が治らない場合であって、労働者が傷病補償年金を受けているときまたは受けることとなったとき（会社が打ち切り補償を支払ったときを含む。）。
④ 精神または身体の障害により業務に耐えられないとき。
⑤ 試用期間における作業能率または勤務態度が著しく不良で、労働

者として不適格であると認められたとき。
⑥ 第61条第2項に定める懲戒解雇事由に該当する事実が認められたとき。
⑦ 事業の運営上または天災事変その他これに準ずるやむをえない事由により、事業の縮小または部門の閉鎖等を行なう必要が生じ、かつ他の職務への転換が困難なとき。
⑧ その他前各号に準ずるやむをえない事由があったとき。

　類型化すると、第1は、勤務成績不良や職務不適格である（①②⑤）。このケースにおいては、解雇以前に相当な注意や教育的指導がなされるのが一般的である。そのような解雇回避措置をとらないで解雇することは濫用とされることが多い。解雇基準自体が明確ではないので、実際上解雇がしにくいといえる。もっとも、即戦力が期待された転職のケースでは解雇基準がより緩和されている（ドイツ証券事件・東京地判平成28.6.1労働判例ジャーナル54号39頁）。

　第2は、就労能力の低下や喪失である（③④）。その原因が業務にある場合には一定期間解雇は許されず（労基法19条）、私傷病の場合は病気休職制度が利用されることが多い。また、高齢による場合は、個別に能力判断がなされることはまれであり、定年制の適用で処理されることが多い。この定年制については、定年年齢は60歳を下回ることができず（高年齢者雇用安定法8条）、65歳までの高年齢者雇用確保措置（9条）を講じなければならない。

　第3は、企業経営の悪化による整理解雇であり（⑦）、これは後述する。

　それ以外に、信頼関係が決定的に破壊されるような場合にも解雇される。企業内文書を外部にリークする過程で事実を歪曲するようなケースといえる（敬愛学園事件・最一小判平成6.9.8労働判例657号12頁）。

　なお、企業秩序違反を理由とする懲戒解雇事由（⑥）としては、業務上横領、経歴詐称、業務命令違反、企業外非行等がある。この懲戒権については、労契法15条において、「使用者が労働者を懲戒することができる場合において、当該懲戒が、当該懲戒に係る労働者の行為の性質及び態様その他の事情に照らして、客観的に合理的な理由を欠き、社会通

念上相当であると認められない場合は、その権利を濫用したものとして、当該懲戒は、無効とする。」と定めている。この懲戒解雇事由を理由として普通解雇をする場合もある。

　特定の普通解雇事由が正当かは個別事案による。とりわけ、勤務成績・態度、適格性を理由するケースについては明確な規準がないので、判断も難しい（たとえば、海空運健康保険組合事件についての東京地判平成26.4.11労働判例1122号47頁と東京高判平成27.4.16労働判例1122号40頁の対立）。相対評価、つまり査定点が下位10％という普通解雇基準も許されない（セガ・エンタープライゼス事件・東京地決労働判例770号34頁）。

　これを勤務成績不良のケースで具体的に考えてみると、どのような経緯で解雇までに至ったのかが問題になる。解雇無効のケースでは、勤務成績不良の原因が本人だけではなく、会社の人事管理・指導の在り方に由来するとみなされる。つまり、上司のパワハラや不適正な指導、不得意な職種への配置ゆえと考えるわけである（千代田生命事件・東京地判平成9.10.28労働判例748号144頁、エース損害保険事件・東京地決平成13.8.10労働判例820号74頁）。また、同僚との比較も問題になり、成績がとくに悪いことの立証が必要となる。他方、解雇有効のケースでは、使用者が適切な指導や再度のチャンスを与えたにもかかわらず本人のせいで成績が改善しなかったと解するわけである。どのような解雇ストーリーを演出するかが勝負の鍵といえる。

　そのためには、客観的な人事資料の提出が必要となり、使用者の立場からは主観的な印象では弱く、できるだけ詳細かつ客観的な資料を作成すべきということになる。ただ、そのような資料があまりに整備されていると、指導ではなくもっぱら解雇目的で人事管理をしていたのではと勘ぐられるおそれもある。とくに、不当労働行為事案では、組合委員長に対してだけ資料が整備されているという例もあり、こうなると差別的と判断される。人を育てることと管理することの違いは重要である。

6　整理解雇

　裁判所は多くの事例を通じて整理解雇につき独自の法理を形成してきた。つまり、整理解雇が有効とされるためには、①人員整理の必要性、②解雇回避努力、③人選基準および当てはめの相当性、④組合等との協議・説明、の要件を満たす必要があるわけである。もっとも、この4要件についても、4要件をすべて満たす必要があるという見解と必ずしもそう解さず、いわば全体として適正な解雇をしたかを問題にする4要素的な見解がある。現在は4要素説な見解が有力になりつつある。もっとも、それで整理解雇がやりやすくなるわけでもない。

　近時、株式会社観の変化にともない、リストラをするのは「有能な経営者」だという傾向がみられ、手続や人選、協議がズサンな整理解雇の例が少なくない。どんな周到な整理解雇であっても、労働者やその家族に多大なストレスを与え、プライドを傷つけるものであるから、最低限の人間的配慮は必要と思われる。逆境のときに試されるのは人間だけではない。

　ここでは整理解雇の過程に着目して問題状況を確認しておきたい。

　まず、①経営の悪化にともない雇用調整の必要性がでてくる（雇用調整の必要性）、②この場合でもすぐ解雇するのでなく解雇回避努力をしなければならない（解雇回避努力）、③それでも剰員が発生したならば指名解雇をせざるをえず（指名解雇の必要性）、④指名解雇基準およびその当てはめは適正でなければならない（適正な指名解雇基準）。以上の各段階において従業員もしくは労組に対し適正な説明・交渉を行なう必要がある。

　全体として、①から④までの要素から解雇の正当性を以下のように判断すべきと考える。もっとも、小企業や第三セクター（新宿区勤労者福祉サービスセンター事件・東京地判平成18.8.25労働判例923号13頁）のケースについては、一定の修正が必要とされる場合がある。

1）雇用調整の必要性

　整理解雇は経営が悪化し、企業が立ち行かなくなる前にいわば企業再建のためになすものである。経営が悪化しない段階で、攻めの経営の一環として人減らしをするケースを前提にしていない。このようなケースについての法理は確立していないが、剰員の発生という観点から整理解雇法理の準用ということになろうか。

　では、具体的にどのような場合に人員整理の必要性が認められるか。一応、①収益が悪化し、赤字転落を防止するため、②収益が赤字になったため、③目前に迫っている倒産を免れるため、等の基準が想定される。判例の全体的傾向は必ずしもはっきりしないが、あえていえば②であろうか。

　整理解雇の必要性については、必要性につき具体的立証なしとされた例（本田金属技術事件・福島地会津若松支部決平成10.7.2労判748号110頁）や業務の全面廃止に合理性なしとされた事件（兵庫県プロパンガス保安協会事件・神戸地決平成10.4.28労判743号30頁）もあるがそれほど多くはない。会社更生手続中の事案については、整理解雇時ではなく、更正計画の基礎をなす事業再生計画時点の事情を重視するより緩和された基準が示されている（日本航空客室乗務員事件・東京高判平成26.6.3労働経済判例速報2221号3頁、最二小決平成27.2.4LEX/DB25505801、日本航空運航乗務員事件・東京高判平成26.6.5労働経済判例速報2223号3頁、最一小決平成27.2.5LEX/DB25505802）。

　人員整理の必要性につき明確な基準をたてにくい理由は、基準設定につき相矛盾する要請があるからである。つまり、基準を厳格にするほうが解雇は抑制されるが、会社経営上のリスクも高くなる。整理解雇は、あくまで経営の再建のために行なうものであるので、一歩間違うと会社がつぶれるかもしれないあやうい基準はやはり好ましくないからである。同時に、会社経理の素人である裁判官が経営状態について的確な判断をなしうるかも疑問である。

　私も労働委員会で賃上げの斡旋事案において経理書類による説明を会

社から受けてもほとんど分からなかった苦い経験がある。疑問点を質問しようと思ったが、そうすると自分の無知をさらけ出すのではと思い自制をした。講義に対し質問をしない（できない）学生の気持ちが十分に理解できた。とはいえ、斡旋では労使の委員もいるのでそのアドバイスを受けることはできたが。

なお、理論的には、必要性をどの範囲で考えるか、全社か特定の部門かが問題になる。原則は全社単位であろうが、特定の支社・営業所閉鎖については採用の仕方（本社採用か支社・営業所採用か）によって法理の適用の仕方が変わる余地もある。これは必要性以外にも、回避措置、基準と当てはめとの関連でも問題になる。

2）解雇回避努力

人員整理の必要性が認められたとしても、すぐに解雇をすることは許されず、解雇はあくまで最後のやむえない手段である。それ以前に次のような解雇回避措置をとらなければならない。整理解雇が無効とされた事例の多くは、この措置の不十分さを理由とするものである。

新規採用の停止、残業規制、昇給停止、配転・出向、一時帰休さらに会社遊休資産の売却や役員報酬のカット、再就職斡旋等である。具体的にどの程度の措置が必要かは事案による。なお、回避措置としての配転についてはそれに応じるか否かの最終確認をせずに解雇することが濫用とされたケースもある（正和機器産業事件・宇都宮地決平成5.7.20労働判例642号52頁）。それだけ慎重な手続が要請されるわけである。

実際には、最終段階での希望退職の募集がポイントとなる。最高裁は、職員に十分な説明をせず希望退職の措置を取ることなく突如解雇の通知をしたことを信義則に反するとした原審の判断を支持している（あさひ保育園事件・最一小判昭和58.10.27労働判例427号63頁）。また、希望退職人数が予定より上回ったにもかかわらずなされた指名解雇は濫用とされており（関西電機事件・福岡地決平成9.9.30労働判例743号92頁）、希望退職募集の期間が短かったことも問題視されている（ホクエツ福井事件・名古屋高金沢支判平成18.5.31労働判例920号33頁）。

この希望退職については、言葉どおり個々の労働者の自由意思に委ねると、会社にとって有用な労働者が応募する可能性が高いので、希望退職を募る仕方につき、会社が一定の「工夫」をしている場合が少なくない。

3）指名解雇の必要性

一定の解雇回避の努力をしたにもかかわらず、剰員状態が解消されなければ、指名解雇をせざるをえない。この段階で、何名の指名解雇の必要性があるかが問われる。この点は、大多数の労働者が転籍に応じた場合に、残った労働者を整理解雇することは許されるかが争われた千代田化工建設事件で問題となった。会社は、整理解雇の時点において、他の部門に就労しうる仕事があったとしても転籍に応じた従業員に対する人事の公平性から整理解雇は有効と主張した。しかし、東京高判（平成5.3.31労働判例629号19頁）は、解雇時に当該労働者を解雇する必要がなかったとして解雇を無効としている（本件は、不当労働行為事件としても争われており、最高裁において不当労働行為の成立が認められている。最二小判平成8.1.26労働判例688号14頁）。転籍に応じてくれた多くの労働者とのバランスに配慮する人事担当者の気持ちも分かるが、自主的な退職と解雇の法的性質はやはり明確に異なる。

4）解雇基準およびその当てはめの相当性

整理解雇は、大量の労働者を解雇する場合が多いので、明確かつ相当な解雇基準が要求される。しかし、具体的にどのような基準が相当かは難問である。一般的には、①勤務成績、②企業貢献度、③再就職の可能性、④解雇後の生活状態、⑤年齢等が考慮されている。どのような基準を採用しても、相対基準なのでかならず文句がでる。裁判例はこの基準につきおおむね会社の裁量に委ねている。

もっとも、企業合理化の目的に反する基準、あまりに不明確、主観的な基準（「誠実・勤勉・調和」等。出島運送事件・広島地判昭和53.6.29労働判例306号42頁）さらに性差別的な基準等強行法規に反する基準は当然

許されない。

　この基準につきよく問題になるのがパート等の非正規従業員を第1順位にすることの適否である。基準とともに解雇回避努力の問題でもある。最高裁は、日立メディコ事件（最一小判昭和61.12.4労働判例486号6頁）において、臨時員と本工との解雇基準には合理的差異があるべきとして、本工の「希望退職者の募集に先立ち臨時員の雇止めが行われてもやむを得ない」と判示している。雇用保障の期待の相違からこのような異なった基準は相当なものと評価されている。もっとも、パートであっても判例法理上の要請を満たす必要がある。つまり解雇回避努力（丸子警報器事件・東京高判平成11.3.31労働判例758号7頁）や適正な人選が必要であるという判断（三洋電機事件・大阪地判平成3.10.22労働判例595号9頁、エヌ・ティ・ティ・ソルコ事件・横浜地判平成27.10.15労働判例1126号5頁）も示されている。派遣労働者についても同様である（シーテック事件・横浜地判平成24.3.29労働判例1056号81頁）。

第 12 章

多様な辞めさせ方
―― 退職・有期雇用の法理

　ここでは解雇以外の雇用終了パターンを検討する。労働者の意思が介在する退職と有期雇用の問題であり、いずれも判例を通じて法理が形成されてきた。もっとも、有期雇用の雇用終了ルールについては労働契約法によって一定の規制が図られ、さらに均衡・均等待遇については2018年成立のパート・有期雇用労働法によってより詳細な規定がなされた。有期雇用の問題は現在もっともホットな争点といえる。

1　退職に関する問題

　退職については、労使の合意に基づく「合意解約」と労働者の一方的意思だけに基づく「辞職」の2つの型がある。その異同が中心的論点であるが、それ以外に解雇との関連や退職の強要等も争われている。

1）退職か解雇か

　使用者としては、解雇は正当な理由が必要なので（労契法16条）極めてリスキーであり、労働者の自主退職のほうが好ましい。自主退職ならば、その正当性は問題にならず、また、解雇予告手当（労基法20条）の支払いもいらないからである（総設事件・東京地判平成20.2.22労働判例966号51頁）。
　そこで、使用者としては労働者に自主退職を促すことになるが、問題はそれが「自主」退職の勧奨なのか、解雇を意味するのかである。使用者としては企業外に排除したいけれどなるべく「解雇」という形はとりたくないと考える。労使版"忖度"の世界といえる。

判例は、使用者の確定的な意思か否かを問題にしている。出社停止（中川製作所事件・東京地判平成4.8.10労働判例616号96頁）や退職してほしい旨の意思（日本管材センター事件・東京地判平成5.8.31労働判例638号42頁）は必ずしも解雇の意思とは解されていない。

他方、転勤拒否を理由としてなされた給料明細書と清算賃金の交付（アートサロンミヤモト事件・東京地判平成4.11.12労働判例620号58頁）や離職票の交付は解雇の意思表示とみなされている。また、丸一商店事件・大阪地判（平成10.10.30労働経済判例速報1702号3頁）は、会社代表者が残業手当の請求権を将来にわたり放棄するか退職するかの二者択一を迫ったことも実質的に「解雇」に当たると判示している。

なお、離職票に解雇と記載されているが、退職後の引継ぎ等が円満になされていること等から合意解約の成立を認めている例もある（ユニフレックス事件・東京高判平成11.8.17労働判例772号35頁）。当初、解雇をにおわす発言があったが、当事者の意思が必ずしもはっきりせず、その後契約関係がだんだんと解消していく事例では、この認定は極めて難しい。

総じて、解雇告知につき明確なルールがないことがこのような紛争を増加させている原因のひとつと思われる。解雇理由を就業規則の必要的記載事項とし（労基法89条3号）、解雇理由を明示させる労基法の規定（22条）は、その点を明らかにするためでもある。不明確であるリスクは結局労働者が負う場合が多いので、労働者も意思内容を明確にするよう働きかける必要がある。

2）退職の自由と強要

退職をめぐるトラブルは、退職の自由に関するものと意に反する退職の強要に関するものに大別される。

前者は、いわゆるブラックバイト問題の一環として「代わりを見つけるまで退職させない」とか「辞めるならば損害賠償を払え」という形で退職の自由を制限することが問題になっている例が多い。基本的に、退職の自由は認められているので、それを制限することは認められない。

もっとも、雇用期間の途中での退職の場合には一応債務不履行になるが、それによる損害額がはっきりしないので訴訟を起こされることはほぼないといってよい。
　ただ、仕事の引き継ぎ等の必要性から一定の予告期間を定めることは許される。どの程度の期間まで許されるかについては明確な規定はない。職種にもよるが、1か月ぐらいならばよくて3か月になれば問題ではと思われるが、決定打はない。
　後者の退職の強要については、その内容について労働者から合意解約の申出（退職願いを出せ）をするようにという「申込の誘引」の場合と辞職の意思を示せという2つのパターンを想定しうる。合意解約が原則なので通常は前者と思われる。この場合、退職届（願）を提出するよう使用者が圧力をかけることの違法性が問題になる。その態様が平穏な場合は、「申込みの誘引」にすぎないが、労働者の意に反して退職を強要するレベルになると不法行為に当たる（下関商業高校事件・最一小判昭和55.7.10労働判例345号20頁）。
　最近の裁判例も使用者にかなり厳しい判断を示している。たとえば、エム・シー・エンド・ピー事件・京都地判（平成26.2.27労働判例1092号6頁）は、「退職勧奨の態様が、退職に関する労働者の自由な意思形成を促す行為として許容される限度を逸脱し、労働者の退職についての自由な意思決定を困難にするものであったと認められるような場合には、当該退職勧奨は、労働者の退職に関する自己決定権を侵害するものとして違法性を有し、使用者は、当該退職勧奨を受けた労働者に対し、不法行為に基づく損害賠償義務を負うものというべきである」とし、また兵庫県商工会連合会事件・神戸地姫路支部判（平成24.10.29労働判例1066号28頁）も、「退職勧奨に際して、労働者の自発的な退職意思を形成する本来の目的実現のために社会通念上相当と認められる程度を超えて、当該労働者に対して不当な心理的圧力を加えたり、又は、その名誉感情を不当に害するような言辞を用いることによって、その自由な退職意思の形成を妨げることは許されず、そのようなことがされた退職勧奨行為は、もはや、その限度を超えた違法なものとして不法行為を構成するこ

ととなるものというべきである。」と説示している。

　具体的な言動の例を示すと、面接時の「1年を過ぎて、OJTと同じようなレベルしか仕事ができない人が、もう会社はそこまでチャンス与えられないって言ってるの。違うところで、あなたの得意なね、何か生かせるところでやっていただきたい」「Aさんと同じように、最初の1年目に標準に満たなかった方もいる。そこはクリアして、次に行った人もいる。Aさんにはもうそれがない。これから先も。」「もう十分見極めたから。」「懲戒になると、会社辞めさせられたことになるから、それをしたくないから言っている。」「この仕事には、もう無理です。記憶障害であるとか、若年性認知症みたいな」などの発言が違法な退職勧奨とされている（日本航空事件・東京高判平成24.11.29労働経済判例速報2194号12頁、最三小決平成25.10.22労働経済判例速報2149号11頁）。

　この種の退職強要事件が増加する傾向にあり、「労働者の退職に関する自己決定権」という見解（前述・エム・シー・エンド・ピー事件・京都地判）や「労働契約関係において、使用者は労働者に対し、労働者がその意に反して退職することがないように職場環境を整備する義務」があるとはっきり判示する例さえある（エフピコ事件・水戸地下妻支部判平成11.6.15労働判例763号7頁）。また、退職強要のための違法な業務命令（学校法人須磨学園他事件・神戸地判平成28.5.26労働判例1142号22頁）や退職勧奨の拒否を理由とする出向命令が無効とされた例（リコー事件・東京地判平成25.11.12労働判例1085号19頁）もある。

　他方、退職勧奨が違法とみなされなかった例も存する（プレナス事件・東京地判平成25.6.5労働経済判例速報2191号3頁等）。日本アイ・ビー・エム事件・東京高判（平成24.10.31労働経済判例速報2172号3頁）は、「特別セカンドキャリア支援プログラム」に基づく退職勧奨の大部分は業務改善の要求であり、違法ではないと判断した。もっとも、業務改善とはいえ要求の仕方によってはプレッシャーになる余地はある。

3）辞職と合意解約

　労働者の意思により労働関係を終了させる退職のパターンとしては、

使用者との合意による「合意解約」と労働者の一方的意思による「辞職」がある。労働者の「やめます」という意思がどちらに該当するかは必ずしもはっきりしない場合が多い。双方の構成があること自体が一般的に知られていないからである。本人さえ分からないのだから、裁判官も大変である。

では、両者は具体的にどのように相違するか。

「合意解約」は、労使双方の合意が必要なので、労働者からの申込（退職願い、退職届の提出）があって、それを使用者が承諾したならば合意解約がなされる。契約の終了時点も双方の合意による。一方、使用者が承諾しなければ解約の効果は発生せず、いつまでも辞めることはできない。

合意解約の場合は、やめますという意思は申込ととらえられているので、会社側の承諾があるまで撤回は許される（大隈鉄工所事件・最三小判昭和62.9.18労判504号6頁）。考えなしに辞めると言っても、撤回できるわけである。とはいえ、会社の責任者が承諾をしてしまえば、「合意」が達成される。人員削減を重要視している現状では、承諾はきわめてスピーディになされることが少なくない（慎重に考えたらといいながらいつの間にか退職届が用意されている）。こうなると撤回の余地はない。

この承諾については、だれが承諾権者かが問題となる。通常は現場の責任者ではなく、人事担当の役員が考えられる。したがって、退職届を直属の課長が受領しても同人が承諾権者であることは少ない。「受領」と「承諾」ははっきりと異なるわけである。この点についてのトラブルを回避するためには、意思内容の書面化と承諾過程のルールの明確化が使用者にとっても不可欠である。

他方、「辞職」の場合は、労働者の一方的意思だけで一定の期間が経過した後に効果が発生する。この期間については、通常は2週間（民法627号）とみなされているが、就業規則等でそれ以上長い予告期間（たとえば、1か月）を定めた場合に当該規定の効力が認められるかははっきりしていない。その点の問題はあるが、絶対辞めたい場合には、辞職構成が適切なわけである。気合いをいれて「やめてやる」といえば辞職

の意思とみなされる（東京ゼネラル事件・東京地判平成11.4.19労働判例768号562頁）。

　この辞職の意思は、確定しているのでその後撤回はできない。それだけ慎重な行動が要請されるわけである。「やめるのはやめた」といってもしゃれにならない。したがって、「やめます」という意思は、通常辞職ではなく合意解約の申し込みとみなされている。

　ところで、関連して注意すべき事項として次の2点をあげることができる。

　その1は「辞職」の場合であっても、その効果が発生するまでは契約関係が継続しているので、出社し、就労する義務があることである。辞職届だけを提出し、出社しなければ無断欠勤とみなされ、場合によっては懲戒解雇の対象になり、退職金不支給になる可能性がある。もっとも、辞職の効果が発生した後、つまり退職後は処分はできない。

　その2は、通常、退職の意思表示は、「合意解約」の申し込みとみなされるが、相手がいつまでも承諾しない場合にどうするかである。新たに「辞職」の意思表示をすることも考えられるが、最初の意思のなかに「辞職」の意思も複合的に含まれている、つまり、一定期間内（たとえば、2週間）に使用者からの承諾がなされなければ一方的に退職する意思も併存していると構成することも可能であろう。本人の実際の意向がそうならば、その旨明確に意思表示することが肝要である。

4）合意解約等の無効、取消

　辞職や合意解約が成立した場合であっても、労働者の意思に瑕疵があれば当該法律行為は無効となり、また取消もできる。具体的には次の場合である。

　その1は、心裡留保であり、民法93条は、「意思表示は、表意者がその真意ではないことを知ってしたときであっても、そのためにその効力を妨げられない。ただし、相手方が表意者の真意を知り、又は知ることができたときは、その意思表示は、無効とする。」と定める。人の真意というのは他人には分からないので、契約の時に真意でなかったとして

も契約は有効に成立する。とはいえ、相手が表意者に真意がないことを知っていた、もしくは知りうる場合には効果は発生しない（昭和女子大学事件・東京地決平成4.2.6労働判例610号72頁）。保護をする必要がないからである。居酒屋で上司を相手に「こんな会社やめてやる」と言ったとしても、合意解約の申込や辞職の意思表示とはみなされない。真意がないことがはっきりしているからである。本音かもしれないが本気ではない。

　何かのトラブルがあって、上司から「悪いようにはしないから一応退職届を出すように」と言われ、提出した場合にも効果意思がないので同様である。しかし、その後、退職届をたてに使用者が退職の承諾をしたら、真意がなかったことの立証は容易ではない。形式的に存在しているのは「退職届」にほかならないからである。上司にとって「悪いようにしない」という意思であったわけである。不用意に退職届を提出することはやはりリスキーである。

　その2は、通謀虚偽表示（民法94条）である。会社と通じて合意解約を形だけなしたとしても、真意がなければやはり無効とされる。ただ、この場合も、その旨の立証は容易ではない。この規定は、取引関係における第三者との関連が主に問題になるので合意解約についてはほとんど論じられていない。

　その3は、錯誤であり、民法95条は、「意思表示は、法律行為の要素に錯誤があったときは、無効とする。ただし、表意者に重大な過失があったときは、表意者は、自らその無効を主張することができない。」と定める。この錯誤は主に「動機の錯誤」として問題になる（拙稿「解雇事由の正当性についての錯誤と合意解約の成否」労働判例889号〈2005年〉5頁参照）。たとえば、労働者がある非違行為を行ない、当該行為により懲戒解雇になると誤解し（法的にはその程度では懲戒解雇にならない場合を想定している）、退職届を出し、会社側も当該誤解を知っている場合に問題になる。よりリアルに表現すれば、使用者がそのような誤解に至らしめて退職届を提出させるケースといえる。この場合は、錯誤により無効になる（横浜高校事件・横浜地決平成7.11.8労働判例701号70頁、昭和

電線電纜事件・横浜地川崎支部判平成16.5.28労働判例878号40頁、ジョナサン他事件・大阪地判平成18.10.26労働判例932号39頁、富士ゼロックス事件・東京地判平成23.3.30労働判例1028号5頁等)。また、慶應義塾事件・東京高判（平成24.10.18労働判例1065号24頁）は、体調不良が私傷病によるものと思って退職届けを提出したが勤務場所の化学物質によるものであったとして要素の錯誤が認められるとした。

　他方、動機が表示されていないとされた例（プレナス事件・東京地判平成25.6.5労働経済判例速報2191号3頁）や錯誤に重大な過失があるとされた例も存する（日本旅行事件・東京地判平成19.12.14労働経済判例速報1990号23頁）。こうなると無効とされない。

　その4は、詐欺や強迫であり、民法96条は「詐欺又は強迫による意思表示は、取り消すことができる。」と定める。もっとも、民法が前提としている人間関係は、いわゆる市民相互の取引関係なので、強迫等が認められるのはよほどの場合である。企業内において、上司が部下に退職を強要したとしても、相手の意思の自由を阻害しないかぎり、取消は認められない。たとえば、懲戒解雇の可能性があるとしてプレッシャーをかけ意思決定に影響を与えても、「強迫」とまではいえないと判示されている（瀧本事件・大阪地判平成20.8.22労働経済判例速報2027号3頁）。なお、退職過程における使用者の強要は、民法96条の問題以外に、それが違法な行為として損害賠償が認められるかという形でも問題になる。

　最近の裁判例は真意性を問題にしているので、以上の規定以外にその観点から退職合意の成立を否定する考え方もありうる（たとえば、TRUST事件・東京地立川支部判平成29.1.31労働判例1156号11頁）。

2　有期雇用の問題

　有期雇用については、期間満了時の更新拒否問題と無期雇用との均等・均衡問題があり、いずれも最近のホットなテーマである。

　労働契約は通常継続的なものなので、期間の有無・長さが問題となり、これは原則的に当事者の合意による。期間の定めのないものと期間の定

めがあるものに大別され、会社の正規職員として採用され定年まで働くような場合は、期間の定めのないことになる。このようなケースが一般的であり、使用者が契約関係を一方的に解消するためには「解雇」せざるをえない。この解雇には種々の制約があることは前述した。他方、労働者はほぼ無制限な退職の自由を有し、その意味では片面的なルールとなっている。

　他方、期間の定めがある場合は、それが長期化すると労働者の退職の自由を不当に奪うという理由から労基法14条は原則（高度の専門的知識等を必要とする業務に就く場合等は5年までの延長が許される）その期間を最長3年間と定めている。期間途中における労働者の退職は、正当事由がないかぎり債務不履行とみなされ、使用者からの損害賠償が認められる余地があるからである。退職の自由の観点からは、雇用期間は短いほどいいことになる。

　他方、労契法17条1項は、「使用者は、期間の定めのある労働契約（以下この章において「有期労働契約」という。）について、やむを得ない事由がある場合でなければ、その契約期間が満了するまでの間において、労働者を解雇することができない。」と定め期間中の解雇を16条の解雇規制や契約法19条の更新拒否事由よりも厳しく制約している。たとえば、K社事件・東京地判（平成29.5.19労働経済判例速報2322号7頁）は、社内暴力を理由とする期間内の解雇を無効としているが、期間満了時の更新拒否を認めている。

1）更新拒否に関する判例法理の形成・展開

　契約の期間設定の効果は、民法的にいえば契約期間中は正当な理由がなければ関係を解消できず、他方、期間満了時の解消にはなんらの理由も必要ではないことになる。解消のための特別の意思表示さえ必要とされず、期間満了とともに自動的に関係が解消されると解される。

　では、労働契約についても同様に考えることができるか。この点は、昭和40年代までは、臨時工問題として活発に議論され昭和49年の東芝柳町工場事件・最判から現行の法理がスタートした。同事件は、2か月

第12章　多様な辞めさせ方

の契約期間が5回から23回更新されてきた基幹臨時工らの更新拒否事件であり最判（最一小判昭和49.7.22最高裁民事判例集28巻5号927頁）は「いずれかから格別の意思表示がなければ当然更新されるべき労働契約を締結する意思であったもの」とし、何回か更新された場合には「あたかも期間の定めのない契約と実質的に異ならない状態」になったとして解雇法理が類推されると判示した。何回か更新された場合には解雇の法理が類推適用される、つまり更新拒否にはそれなりに正当な事由が必要であるという判例法理が確立したわけである。

　その後、日立メディコ事件・最一小判（昭和61.12.4判例時報1221号134頁）は、有期雇用者に対する整理解雇につき、「柏工場の臨時員は、季節的労務や特定物の製作のような臨時的作業のために雇用されるものではなく、その雇用関係はある程度の継続が期待されていたものであり、上告人との間においても五回にわたり契約が更新されているのであるから、このような労働者を契約期間満了によって雇止めにするに当たっては、解雇に関する法理が類推され、解雇であれば解雇権の濫用、信義則違反又は不当労働行為などに該当して解雇無効とされるような事実関係の下に使用者が新契約を締結しなかったとするならば、期間満了後における使用者と労働者間の法律関係は従前の労働契約が更新されたのと同様の法律関係となるものと解せられる。」と判示した。

　ここに、①期間の定めのない契約と実質的に異ならない状態と②雇用関係の継続期待、の場合に解雇法理が類推されるという判例法理が形成された。その後、パナソニックプラズマデスプレイ事件・最二小判（平成21.12.18労働判例993号5頁）は、この両者の見解を統合して、次のように総括している。「期間の定めのある雇用契約があたかも期間の定めのない契約と実質的に異ならない状態で存在している場合、又は、労働者においてその期間満了後も雇用関係が継続されるものと期待することに合理性が認められる場合には、当該雇用契約の雇止めは、客観的に合理的な理由を欠き社会通念上相当であると認められないときには許されない」。この見解がその後労契法19条として立法化される。

　では、解雇の法理はどのように類推されているか。判例法上は、次の

3つのケースにつき事案に応じた特別の配慮をしている。

　第1は、整理解雇の場合である。整理解雇では、企業経営上何らかの人数を解雇せざるをえないので、相対的な整理解雇基準が使われる。たとえ勤務成績が良くても他の労働者のそれより悪ければ解雇の対象になりうるわけである。そこで、整理解雇になると、有期雇用の者は、正社員に比べて会社との距離が疎遠であり身分も不安定であるとして、正社員に優先して解雇することが認められている。前掲・日立メディコ事件最判は、「その雇用関係が比較的簡易な採用手続きで締結された短期的有期契約を前提とするものである以上、雇止めの効力を判断すべき基準は、いわゆる終身雇用の期待の下に期間の定めのない労働契約を締結しているいわゆる本工を解雇する場合とはおのずから合理的な差異がある」と判示している。

　とはいえ、パート等の期間雇用者について整理解雇法理の適用がまったくないわけではない。いわゆる整理解雇の4要件・4要素（人員整理の必要性、解雇回避措置、人選基準・当てはめの相当性、組合等との協議・説明）は当然適用されるのでその要請を満たさない解雇はやはり無効となる（三洋電機事件・大阪地判平成3.10.22労判595号9頁）。たとえば、パート全員を解雇する必要がない場合には、パートを対象とした相当な人選基準や解雇回避努力が必要とされる。

　第2は、定年後の高齢者の更新拒否の場合である。定年後の再雇用については、再雇用するか否かについての争いと再雇用後の解雇もしくは更新拒否をめぐる争いがある。再雇用後の更新拒否事案については、更新するとするほど高齢になりその意味では能力が低下するとともに労働者の期待利益も減少するといえる。更新を拒否しうる幅が広がるわけである。

　この点については、高年齢者雇用安定法が定年年齢を60歳を下回ることがないように規定する（8条）とともに事業主に65歳までの次のような高年齢者雇用確保措置を義務づけている（9条）。①定年年齢の引き上げ、②継続雇用制度の導入、③定年の定めの廃止。実際は、②の例が一般的である。なお、高年齢者雇用安定法9条の趣旨から、大幅な賃金

引き下げの提案（九州総菜事件・最一小判平成30.3.1労働経済判例速報2347号11頁）や受け入れがたいような処遇（トヨタ自動車他事件・名古屋高判平成28.9.28労働判例1146号22頁）が違法とされた事案もある。

第3は、労務提供の内容や配置について使用者が広い裁量を有する職種の場合には更新を拒否しうる余地が大きい。たとえば、大学受験のための小規模予備校の非常勤教師や大学の非常勤教員（進学ゼミナール予備校事件・最三小判平成3.6.18労判590号6頁）、さらに専門職（E-グラフィックスコミュニケーションズ事件・東京地判23.4.28労働判例1040号58頁）のケースである。

ところで、判例法理によると、期間雇用が反復した場合には解雇の法理が類推適用される。では、最初の更新時にはどうか。期間設定の自由の観点からは、少なくとも最初の更新時については、拒否するか否かは自由であるといえそうである。もっとも、最初の拒否自体も許されないとする「試用期間」的アプローチも示されている。神戸弘陵学園事件では、新設校の常勤職員として1年間の期間で採用された労働者に対する最初の更新拒否の適否が争われ、原審（大阪高判平成1.3.1労判564号21頁）は期限の経過により契約関係も当然に終了すると判示していた。他方、最三小判（平成2.6.5労判564号7頁）は、一連の事実関係から次のように判示し事案を破棄差し戻した。「使用者が労働者を新規に採用するに当たり、その雇用契約に期限を設けた場合において、その設けた趣旨・目的が労働者の適性を評価・判断するためのものであるときは、右期間の満了により右雇用契約が当然に終了する旨の明確な合意が当事者間に成立しているなどの特段の事情が認められる場合を除き、右期間は契約の存続期間ではなく、試用期間であると解するのが相当である」。

このような判断は、龍神タクシー事件・大阪高判（平成3.1.16労判581号36頁）でも採用され、最初の更新であってもそれを拒否した例がないことや臨時雇運転手制度の趣旨から更新拒否は相当な理由がない限り信義則に照らし許されないと判示している。このように労働者サイドの期待利益は、本人との関係だけではなく（たとえば更新回数）、職場の慣行（いままで一方的な更新拒否の事例がない）からも認められる。

2）労働契約法の改正

　期間設定自体を問題にする以上のような判断が示される中、平成24年に労契法の改正の形で立法的解決が図られた。その際の主要な争点は、最初の更新拒否についても相当な事由が必要とされるかであった。必要とされることになると、契約期間の設定の自由こそが問題になる。つまり、契約期間の設定は契約終了時の設定にほかならないので、期間満了で自動的に契約関係が終了すると解雇法理の潜脱を意味するのでは、という批判があった。この「入り口規制」といわれる立場によると期間を設定する場合には一定の期間を設定する合理性が必要になる。それに対し、更新の際の相当事由を問題にする判例法理のアプローチは「出口規制」といわれる。実際には後者が採用された。

　労契法19条は、「有期労働契約であって次の各号のいずれかに該当するものの契約期間が満了する日までの間に労働者が当該有期労働契約の更新の申込みをした場合又は当該契約期間の満了後遅滞なく有期労働契約の締結の申込みをした場合であって、使用者が当該申込みを拒絶することが、客観的に合理的な理由を欠き、社会通念上相当であると認められないときは、使用者は、従前の有期労働契約の内容である労働条件と同一の労働条件で当該申込みを承諾したものとみなす。」とし、1号において「当該有期労働契約が過去に反復して更新されたことがあるものであって、その契約期間の満了時に当該有期労働契約を更新しないことにより当該有期労働契約を終了させることが、期間の定めのない労働契約を締結している労働者に解雇の意思表示をすることにより当該期間の定めのない労働契約を終了させることと社会通念上同視できると認められること。」また、2号において「当該労働者において当該有期労働契約の契約期間の満了時に当該有期労働契約が更新されるものと期待することについて合理的な理由があるものであると認められること。」と定めた。

　1号は実質無期タイプ、2号が期待保護タイプといわれる。この立法化は、更新拒否が無効になった場合に契約関係が継続するという構成が

不明確であったこと（更新後の労働者の地位について契約上の根拠がなかった）を是正し、当事者の合意の擬制でそれを説明した意義もある（具体的裁判例については小宮文人「有期労働契約の雇止め規制：判例法理と労契法19条の解釈」季刊労働法255号〈2016年〉）。

　同時に有期雇用が5年間更新されることによる無期労働契約への転換（18条）と期間の定めがあることによる不合理な労働条件の禁止（20条）が定められた。この20条については多くの裁判例が出されているので項をあらためて論じたい。

3）更新拒否法理の新たな問題

　有期雇用の更新拒否に一定の制限を課す判例法理をふまえて労契法19条等が立法化されたことは一定の評価をなしうる。とはいえ、関連して多くの以下のような課題に直面している。

　第1は、労契法18条で定められた無期転換の効果に関する。具体的には、18条により有期化から無期に転換した場合の労働条件はどうなるか。特段の合意等がなされなければそれ以前の労働条件と同じとなり、同じ無期であってもいわゆる正社員と異なった賃金体系となる。したがって、賃金体系は、有期、転換無期、無期の3種類に区分されることになり賃金体系や就業規則の見直しが必要とされよう。くわえて、転換無期と無期労働者の業務内容・責任等が同一の場合には、労契法20条の規定が適用されなくなるという問題も発生する。

　第2は、無期転換につき明確にルール化されたために多様な回避手段が試みられている。その1は、空白（クーリング）期間を利用して無期化を回避することである。関連する異なった職場をたらい回しにする例は少なくない。仕事自体は確保されているので労働者が文句を言うことは難しいことになる。その2は、更新期間・回数を限定することである（日本郵便事件・最二小判平成30.9.14労働判例1194号3頁）。たとえば、雇用期間1年間3回までという契約を締結することである（高知県立大学後援会事件・高知地判平成30.3.6労働判例1183号18頁、高松高判平成30.10.31LEX/DB25561627）。就業規則でそのような規定を定めることも

考えられるが、不更新特約の制度化（？）といえようか。18条対策ということになると不利益変更に合理性がないと解される。

　第3は、労契法19条の1号と2号という2つの類型を区別する意義である。立法化以前の判例法理をふまえているが、両者の法的な効果に違いがなく、また2号は1号をも実質的に包摂した規定なので区別する必要はないと思われる。実際によほど長期間・多数回の更新がなければ1号の基準に該当せず（たとえば、15年7か月／エヌ・ティ・ティ・ソルコ事件・横浜地判平成27.10.15労働判例1126号5頁。22年／ジャパンレンタカー事件・名古屋高判平成29.5.18労働判例1160号5頁）、更新回数は2号でも大きな要素となるからである。双方に該当したと解されたケースもある（ニヤクコーポレーション事件・大分地判平成25.12.10労働判例1090号44頁）。労契法18条の法意からすれば5年以上継続していた場合には自動的に1号に該当すると解釈すべきではなかろうか。

　第4は、労契法19条2号の「合理的期待」の解釈についてである。更新回数、仕事の恒常性、使用者の発言（「ずっと働いてもらう」）等からその成否が判断される。では、使用者の発言や経営状況から期待の解消の余地は認められるか。合理的期待の問題ではなく不更新事由の相当性のレベルで処理すべき論点といえよう。

　ただデリケートなのは労働者の合意による場合、つまり不更新「特約」の効力である。たとえば、本田技研工業事件・東京高判（平成24.9.20労働経済判例速報2162号3頁、最三小決平成25.4.9労働経済判例速報2182号24頁）は次のように判示している。「従前は更新があり得る内容の有期雇用契約を締結していた労働者が、不更新条項が付された有期雇用契約を締結する際には、不更新条項に合意しなければ有期雇用契約が締結できない立場に置かれる一方、契約を締結した場合には、次回以降の更新がされない立場に置かれるという意味で、いわば二者択一の立場に置かれることから、半ば強制的に自由な意思に基づかずに有期雇用契約を締結する場合も考えられ、このような具体的な事情が認められれば、不更新条項の効力が意思表示の瑕疵等により否定されることもあり得る」。しかし、「不更新条項を含む経緯や契約締結後の言動等も併せ考慮して、

労働者が次回は更新されないことを真に理解して契約を締結した場合には、雇用継続に対する合理的期待を放棄したものであり、不更新条項の効力を否定すべき理由はないから、解雇に関する法理の類推を否定すべきである。」

他方、批判的な立場を示す裁判例（明石書店事件・東京地決平成22.7.30労働判例1014号83頁、東芝ライテック事件・横浜地判平成25.4.25労働判例1075号14頁）もある。また、特定の態様による不更新特約の提案の仕方を問題にする見解も示されている（エヌ・ティ・ティ・マーケティングアクト事件・岐阜地判平成29.12.25労働判例1185号38頁）。私は、不更新特約は労契法19条の趣旨を潜脱すると解している（拙稿「不更新特約と労働契約法19条」労働判例1089号〈2014年〉5頁）。

第5は、有期雇用の終了パターンとして、はっきりとした更新拒否がなされるケースはそれほど多くはなく、労働者の退職、とりわけ合意解約という形をとることが一般的と思われる。円満な退社により紛争を回避するためである。実際には、使用者からの合意解約の申込もしくは申込の誘引は、労働者に対する大きなプレッシャーになり、それを拒否することは容易ではない。とりわけ一定の優遇措置（金銭の支払い、仕事の斡旋）とセットとなった場合にそういえる（たとえば、前掲・エヌ・ティ・ティ・マーケティングアクト事件・岐阜地判）。不更新特約の提案と類似の状況にあるわけであり、一定の法的な規制が必要と思われる。「有期」であることは労働者にとっても一定のプレッシャーがあり、その点でも有期雇用終了過程の実態研究は緊急の課題といえる。

4）労契法20条──差別是正の難しさ

有期雇用をめぐる新たな争点は、無期労働者との労働条件の相違の不合理性を問題にする労契法20条の解釈をめぐるものである。同条は「（前略）当該労働条件の相違は、労働者の業務の内容及び当該業務に伴う責任の程度（以下この条において「職務の内容」という。）、当該職務の内容及び配置の変更の範囲その他の事情を考慮して、不合理と認められるものであってはならない。」と定めている。

無期労働者との労働条件上の相違が、職務内容、職務内容・配置の変更の範囲、その他の事情から「不合理」かが問題になり、職務内容等の同一性をどう判断するか、その他の事情とは何か、不合理性の判断基準等が争点となる。この点については2018年に配車ドライバーの賃金差別が争われたハマキョウレックス事件につき最高裁判決（最二小判平成30.6.1労働判例1179号20頁）が出され、同日判示された定年再雇用者に関する長澤運輸事件（労働判例1179号34頁）とともに今後判例法理として強い影響が与えるものといえる。下級審においても各種手当てにつき多くの判断が示され、その後2018年の働き方改革関連法の一環として「パート・有期雇用労働法」が成立し2020年施行の予定である。非正規差別解消の問題は始まったばかりである。

　この2判決によって次のような立場が示されている。①20条の趣旨につき、有期契約労働者の公正な処遇を図るため、職務の内容等の違いに応じた均衡のとれた処遇を求める規定である。②法的効果については、私法上の効力を有し同条に違反する労働条件の相違を設ける部分は無効となるが、比較の対象である無期契約労働者の労働条件と同一のものとなるものではない。③不法行為の成否との関連では、職務の内容等が異なる場合であっても、その違いを考慮して両者の労働条件が均衡のとれたものであることを求める規定であり、当該相違が不合理であるとの評価を基礎づける事実については違反することを主張する者が、その評価を妨げる事実については違反することを争う者が、それぞれ主張立証責任を負う。④相違の不合理性については、業務内容と責任の程度が同一であること等を前提に各手当の趣旨等から個別的に判断する。⑤定年退職後の再雇用であることは20条の「その他の事情」として考慮され、賃金体系の相違や賞与不支給は不合理とは解されない。

　ここでは、個別の事案に深入りせず基本的な論点だけを確認しておきたい。非正規差別是正の難しさを理解するためである。そのためには雇用形態に基づく労働条件の相違の特質は他の差別事案（たとえば、労基法3条、労組法7条等）と次のように大きく異なっていることに留意すべきである。

第1に、雇用形態の違い（有期労働者として採用したこと）によって比較されるべき正社員と働き方、職務・責任・負担・人材活用の仕組み・会社の期待等は大きく異なっていることが通常想定される。それに応じて労働条件の違いも当然視される。思想信条や組合員差別と異なり「本来」労働条件に違いがあるのは許されないという前提はないわけである。

　第2に、労働条件の相違は、通常運営上のそれではなく、いわば制度的相違である。多くの場合労働条件につき就業規則上明確な違いがあり、それは個々人の特性ではなくもっぱら雇用特性に基づくものであり、相違は明確である場合が多い。

　そこで問題は、以上のような想定にもかかわらず、有期労働者と無期労働者（いわゆる正社員）に働き方、職務・責任・負担に違いがない場合にどうするかである。労契法20条ではいわば想定外の事態にどう対処するかが問われるので、通常の差別事案と異なり、相違の合理性の有無ではなく不合理か否かを問題にしている。雇用形態の相違による労働条件の相違は、「本来」許されないわけではなく、「制度（合意）の趣旨に反した運用」が許されないからである。

　合理性までは必要がないが不合理ならばダメというまどろっこしさは、この差別状態を問題とする視点の相違に由来していると思われる。つまり、基本的な問題状況は、①雇用形態の違いに応じた労務の提供でないこと、②にもかかわらずそのような労務内容に応じた賃金等を支払っていないこと、にあるわけである。現象としては②が争われているが、その原因は①にほかならない。働かせ方が問題といえる。

　そう考えると有期雇用者に想定されている本来の労務をこえる業務命令を拒否しうるかの問題も発生する。とはいえ、業務内容を限定している例は必ずしも一般的でないのでそのような業務命令を拒否することは事実上は困難である。同時に、より責任のある仕事に従事したいという思いは、とりわけ雇用期間が継続している場合には自然なことといえる。結局、①について紛争状態は発生しにくく、法的にはもっぱら②が争点となる。

　労働条件の相違の不合理性を問題にする20条の解釈の難しさは次の

点からもいえる。パート・有期雇用労働法についてもほぼ同様な状況である。

　第1は、比較対象者の選択である。有期も無期も多様なグラディエーションがあればこの作業は容易ではなく、比較の仕方によっては結論が異なることもある（たとえば、どのような正規労働者を対象とするか）。

　第2は、働き方や責任等の同一性をどう判断するか。これが主要な論点に他ならないが、①職務内容・責任等が制度的に明確な場合は別として、職務のニーズに応じたフレクシブルな就労形態になる場合が多く、さらに運用レベルになると個人レベルの問題になる、②責任・配置の範囲についてはどのスパンで評価するかもはっきりしない。いままでなのか退職までか。また、職務概念の明確化は、多様な働き方や労働者の自立の要請とどう調整しうるかという難問にも直面する。

　第3は、20条違反の有無につき「その他の事情」をも考慮すべきことになると、何がその他の事情になるか。労使交渉の経緯、採用（再雇用）の仕方、職場慣行、経営方針、労働者サイドの意向、関係する法制度等が想定しうるが、やはり基準としての曖昧さは否定できない。

　とりわけ労使交渉については、組合が非正規の組合員資格を認めているか、また彼らの利益を適切に代表しうるかが問われることになる。また、20条の趣旨に反するような協約内容については規範的効力が認められるかも問題になる。

　第4は、労務提供と賃金、とりわけ諸手当との関連性は必ずしも明確ではない。多様な手当の支給は処遇的に、場合によれば福利厚生的な観点からもなされる。賃金体系や支払いの仕組み自体の見直しが必要となる。

　第5は、不合理性判断と法的な効果との関連も明確性に欠ける。実際にも20条違反の判断の仕方として裁判上2つのアプローチが見られると思われる。

　その1は、20条の構造どおり業務内容・責任等の同一性を重視し、それをふまえて個別の相違を問題にするものである。これは当該規定が「無効」かという均等的な問に適合的である。

その2は、個別の労働条件の相違の有無、程度からその不合理性を基礎づける事由があるかを問題にするものである。このアプローチによると、対象となる相違（たとえば、食堂利用、交通費、精皆勤手当）によっては、業務内容・責任等の同一性をそれほど問題にすることなく相違自体が不合理とみられる場合がある。労務管理上合理性を欠き、大げさにいえば、業務と関係のないいわば身分的差別と解されるわけである。これは当該規定が「違法」か、という均衡的な問に適合的であり、割合的な処理も可能となる（日本郵便（時給制契約社員ら）事件・東京地判平成29.9.14労働判例1164号5頁。もっとも控訴審の判断は異なる。東京高判平成30.12.13労働経済判例速報2369号3頁）。職務責任云々ではなく処遇の公平さに関する規範意識（身分的な取扱に対する批判）が重視されることにもなる。

　なお、実際の裁判例においては諸手当だけではなく、賞与（大阪医科大学事件・大阪高判平成31.2.15労働経済判例速報2374号3頁）、退職金（メトロコマース事件・東京高判平成31.2.20労働経済判例速報2373号3頁）、基本給（学校法人産業医科大学事件・福岡高判平成30.11.29労働経済判例速報2370号3頁）支払いについても20条違反が認められて始めている。

第13章

どうしたら権利を実現できるか

　時間外労働について割増賃金の請求権があっても、また違法なパワハラを理由とする損害賠償の請求権があったとしても、それを実際に請求し実現することは容易ではない。職場で波風を立て、使用者との関係を悪化させるのはまずく、裁判も身近なものとはいえないからである。画餅という表現があるがまさにそのような状況である。本書で学んだことも必要な時に使えるとはかぎらない（詳しくは、拙稿「権利主張を支えるワークルール教育（一）（二）（三）」労働法律旬報1837、1838、1839号〈2015年〉参照）。
　そこで、ここでは職場での権利をどう具体的に実現するかを労働相談のしかたも含め考えてみたい。まさにワークルール教育の目的といえ、紛争を適切に処理するための資質を知ることにもなる。

1　ワークルール教育がなぜ必要になってきたか

　最近ワークルール教育の必要性が高まった原因として考えられるのは以下の諸事情である。2018年成立の働き方改革関連法の施行にともない、この要請はより強まるものと思われる。
　第1は、多様でかつ身近な労働問題の発生である。その割合が増加している非正規労働者に関しては、雇用不安や低賃金、正規労働者についても長時間労働やメンタル不調、さらにリストラや退職強要の問題がある。同時に全体として、労働条件の不利益変更やハラスメントさらに労働者概念をめぐる紛争も増加しており、労働紛争は日常化しつつあり、誰でも直面する問題になっている。

第2は、ワークルール自体の複雑化であり、その理解のためには一定の体系的教育が不可欠となっている。たとえば、労働者派遣や労働時間に関する条文を理解するのは専門家でも困難である。また、紛争の多様化により判例法の重要性が増しているが、その理解も容易ではない。
　第3は、職場における自主解決能力の低下であり、労使の対立が容易に紛争化・外部化しやすくなっている。まず、個人レベルでは、対立した場合のコミュニケーション能力の低下が顕著であり、対立の初期段階において相互の話し合いで解決することが難しくなっている。パワハラをめぐる紛争がその好例といえる。学校教育や就活ではコミュニケーション能力は重視されているが、対立構造を前提としたものではないので紛争化した場合に自主解決するのは難しい。
　とりわけ、最近の若年労働者については、活発な就職活動によって、自己分析の浸透や「勝者」と「敗者」の二分化によって自己無力感もしくは過度な責任感をもつ者が多くなっているといわれる。おそろしく従順になるか、逆ギレするか、権利主張と最も遠い資質が形成されているわけである。
　さらに企業内では、労務管理の個別化等により労働者の孤立化がすすみ、同僚との結びつきや連携が希薄になっている。無関心が最良の自己防衛戦略といえる。上司の役割や組合機能も低下し、職場内での対立は容易に紛争化しやすくなっている。とりわけ、最近増加しているセクハラ・パワハラ事案については上司が加害者なのでそういえる。他方、労働局の個別斡旋、労働委員会の個別斡旋、労働審判制度等企業外の紛争解決機構は充実しているので紛争の外部化が促進されることになる。
　全体として、早期の自主解決のためには個々人が紛争解決基準としてのワークルールを適切に知る必要があり、知らなければ自分を守れない状況になっている。自助努力・自己責任が強く要請されるようになっているのでとりわけそういえる。しかし、実際には不満や対立があれば会社を辞める（退出）ことによる「解決」が多く、これでは、職場においてワークルールが適切に根付くことはない。

2　権利実現の仕組み

　権利については、その内容とともにそれを具体的にどう実現するかが重要である。ここでは以下の5つの側面から権利実現の仕組みを考えてみたい。

　第1は、法に関する知識や情報の入手である。権利について知らなければ「権利主張」ができないのは当然である。条文や主要な裁判例を知る必要があるが、多くの文献があり、ネットを通じても知ることが容易にできる。ただ、その内容を理解するためには一定の体系的学習も必要とされる。実際の紛争との関連では、労働法に関する知識といっても、概括的なものと個別の状況を前提としたより具体的なものに区別される。後者は、会社の行為や労働者への対応が「不適切、不当」と感じるセンスが前提となる。前者は、ある行為が特定の法律に違反するか等の法的知識といえる。

　同時に、実体法の知識とともに労働組合、相談体制や救済機構等の権利実現の仕組みに関する知識や自分の労働条件に関する知識（就業規則や契約内容等）も必要とされる。より重要とさえいえる。

　第2は、権利意識をもつことである。権利をわがものにし、置かれた状況で行動を起こす資質といえる。そのためには、権利についての理解、それを他人に適切に伝えるコミュニケーション能力、さらに対立をおそれない態度が必要とされる。自分の権利・利益とともに、他人、とりわけ同僚の権利行使を敵対視しない態度も案外重要である。実際に権利行使を妨げるものとしては使用者の対応よりも権利行使を嫌悪する同僚の態度のほうがよほど抑圧的な場合があるからである。この点については前述の淀川海運事件を参照されたい（本書20頁）。

　現実の職場においては緊張状態を作らない「協調性」が重視されるとともに強い「同調圧力」がある。権利・義務的な世界とは異なった組織文化といえるので権利意識をもつことは容易ではない。

　第3は、権利行使を支援する仕組みである。権利行使は個人の主体的

行為にほかならないが、それを社会的に支える労働組合や外部の団体（労働NPO）の役割、さらに同僚の支援もとても重要である。労働紛争は職場を基盤とした集団的性質があり、その帰趨は他の従業員に対しても決定的な影響があるからである。その点では、職場トラブルについて共通の情報を得るニーズも高く、職場で議論することも重要である。無知・無関心ほど恐ろしいものはない。

さらに、法テラス等による法律扶助の役割やマスコミ報道による教育的効果も見逃せない。

また、権利行使を支援する仕組みとして、特定の権利行使や申立・申請をしたことを理由とする不利益取扱いを禁止する規定の存在も重要である。監督機関（労基法104条2項）や救済機関（労組法7条4号）への申告・申立、さらに労働局への解決の援助等（個別労働関係紛争解決促進法4条3項、5条2項、男女雇用機会均等法17条2項）を理由とする不利益取扱いが禁止されている。また、権利を行使したことを理由とする不利益取扱いも禁止されている（均等法9条、育児介護休業法10条、16条等）。

実際にも多くの事例が争われている。たとえば、最近の注目すべき事案は妊娠を理由とする差別が争われた広島中央保健生協事件である。本件は副主任の職位にあった理学療法士が、労基法65条3項に基づく妊娠中の軽易な業務への転換に際して副主任を免ぜられ、育児休業の終了後も副主任に任ぜられなかったことが均等法9条3項（「事業主は、その雇用する女性労働者が妊娠したこと、出産したこと、労働基準法（昭和二十二年法律第四十九号）第六十五条第一項の規定による休業を請求し、又は同項若しくは同条第二項の規定による休業をしたことその他の妊娠又は出産に関する事由であつて厚生労働省令で定めるものを理由として、当該女性労働者に対して解雇その他不利益な取扱いをしてはならない。」）に違反する無効なものであるとして管理職（副主任）手当の支払等を求めた事案である。最一小判（平成26.10.23労働判例1100号5頁）は原告の請求を棄却した原審（広島高判平成24.7.19労働判例1100号15頁）の判断を、以下のように説示して破棄し広島高裁に差し戻した（差戻審は広島高判平成

27.11.17労働判例1127号5頁)。

「一般に降格は労働者に不利な影響をもたらす処遇であるところ、上記のような均等法1条及び2条の規定する同法の目的及び基本的理念やこれらに基づいて同法9条3項の規制が設けられた趣旨及び目的に照らせば、女性労働者につき妊娠中の軽易業務への転換を契機として降格させる事業主の措置は、原則として同項の禁止する取扱いに当たるものと解されるが、当該労働者が軽易業務への転換及び上記措置により受ける有利な影響並びに上記措置により受ける不利な影響の内容や程度、上記措置に係る事業主による説明の内容その他の経緯や当該労働者の意向等に照らして、当該労働者につき自由な意思に基づいて降格を承諾したものと認めるに足りる合理的な理由が客観的に存在するとき、又は事業主において当該労働者につき降格の措置を執ることなく軽易業務への転換をさせることに円滑な業務運営や人員の適正配置の確保などの業務上の必要性から支障がある場合であって、その業務上の必要性の内容や程度及び上記の有利又は不利な影響の内容や程度に照らして、上記措置につき同項の趣旨及び目的に実質的に反しないものと認められる特段の事情が存在するときは、同項の禁止する取扱いに当たらないものと解するのが相当である。」

　第4は、権利を実現する機構・手続きである。種々の労働相談体制以外に、労働局による個別斡旋制度、労働委員会、労働審判さらに裁判所等の手続きがある。最近、これらは整備されている。

　第5は、具体的権利内容を規定する実定法である。とりわけ、労働基準関係の立法が重要であり、ほとんどが強行規定なので知る必要性も高い。ところで、法規には強行法規と任意法規がある。両者の関係は、労使の個別同意との優劣で問題になる。契約自由の原則から、基本的には個別同意が重視されるが、強行法規は個別同意に優先し、任意法規は個別同意で定めていない部分について適用される。たとえば、最低賃金額以下を定める賃金額の合意は無効となり最低賃金と同様な定めをしたものとみなされる（最賃法4条2項）。

　労基法上の労働時間規定や労働者派遣法の規定は、複雑難解であり、

普通の労働者にとって理解が難しいものである。また、就業規則や雇用終了に関する条文は、判例法理を追認した内容になっているので、関連する裁判例についての知識が必要である。条文の簡易・明確化も権利実現のためには不可欠の課題といえる。

以上の諸側面のうち、第1と第2は個人的資質・能力の向上である。第3は社会的支援、第4と第5は制度的仕組みの整備といえる。制度的仕組みについては近時充実している一方、社会的支援については、職場や地域の連帯意識が希薄となり弱体化している。個人的資質については、条文や裁判例についての情報の入手は容易であるが、その趣旨を適切に理解することは困難である。学校教育でもほとんど、使い勝手のよい形では教えられていない。教える必要があるという問題関心自体がないといってよい。また、自分の契約内容についての知識さえあやふやである。

それ以上の権利意識の醸成になるとまさに絶望的な状況である。実際にも、権利行使に対する解雇・処分というハードな対応以外に、処遇上の不利益やなにげない排除まで多様な抑圧手段に事欠かない。このソフトな抑圧構造の解明・是正も緊急の課題である。

3　労働相談の仕方を知る

以上の議論をふまえてどうしたら円満かつ的確に権利主張をできるかを実際の職場生活に即して具体的に考えてみたい。ここでは、法的な知識とともに人間的な資質も要求される。やや説教臭くなるかその点は勘弁してほしい。これも職業病。

1）日々の生活での努力

権利を自分のものとするためには、権利を主張するという気持ち・気合いが必要である。ところが、「権利意識」を自分のものにするのは容易ではない。会社のやっていることはアンフェアであり許せないというある種の正義感といえる。これは自分に向けられた会社の行為だけではなく、同僚に向けられたそれについてもそう感じるかがポイントである。

想像力や共感する能力の問題といえる。

　職場において必要な時に適切に文句をいうためには、自分のことを理解し、場合によれば一緒に悩み、自分のために証言し、少なくとも敵対しない人間関係を職場の内外でつくることが重要である。このような人間関係のないところで権利を実現することは実際は困難といえる。たしかに、権利も義務もそのような人間関係を前提としてはいない。むしろ、面倒くさい人間関係から自由な個人を前提としているように思われがちだが、こと労働法上の権利・義務については職場における良好な人間関係が重要な意味をもつ。共感を持ち合う関係といえる。労働法上の権利・義務は、同僚との利害の共通性がその前提になっており、自分だけでなく職場全体の共通のルールにほかならないからである。

　実際にも職場で紛争が生じた場合に、自分に共感・支援し、証言してくれる仲間がいるかいないは決定的である。たとえば、会社イジメの実態については同僚しか目撃者はいないからである。人は案外孤立しておらず、自分たちという広がり（同僚・仲間）が自分を支えてくれる。働きがいのある、働きやすい職場を作るためには、職場において一定の良好な人間関係をつくっておくことが決定的に重要である。あたりまえであるが。

2）一緒に行動する

　権利の実現のためには職場内で円滑に争いを解決することが好ましい。実際には、上司に事情を説明し相談することが考えられる。また、企業内苦情処理制度があればそれを使う。いずれにせよ、事実関係や自分の意向を的確に説明する個々人の能力が必要とされる。

　これで解決しなければ仲間と一緒に活動することが有用である。具体的には労働組合を通じての対応が考えられる。労働組合は、職場において会社と個々の労働者との力関係が平等でないということから労働者の力を結集して労使対等な関係にたって労働条件を決定するために作られた。1人では弱いからみんなで頑張るというわかりやすい理屈である。でも、弱い人がたくさんあつまっても強くならず、むしろますます弱く

なるのも事実である。同時に、集団化することは個々人が自分の利益追求を一定程度抑制するという側面もあり、その覚悟が必要である。

　日本において労働組合が一番盛り上がっていたのは、第2次大戦後の1940年代後半である。飢餓や食料難で、団結しなければ生きていけない時代であり、会社や役所の管理機構も解体されており、その意味では驚くほど平等な社会でもあった。占領軍の民主化政策の後押しもあった。ところが、生活がだんだん豊かになり、会社の管理機構も整備されてくると労働組合の組織率も低下してきた。現在組織率は17％ぐらいだ。

　その間に企業内における同僚間の競争が激化し、さらに成果主義人事制度などが導入されると、連帯するより自分だけはと抜け駆けする生き方が評価されるようになる。孤立化がすすみ職場での連帯が難しくなっている。しかし、人間はビジネスロボットではないから、職場内においても生活者としての市民的感情や利害をもっている。

　労働組合は、このような権利や利益を、集団的につまり自分たちで実現する目的をもつ。職場の労働条件は、労働時間にせよ雇用ルールにせよ本来集団的な性質があるので、労働組合を通じての権利実現はきわめて有効といえる。企業内に組合がなければ企業外のコミュニティ・ユニオンへの加入の手段もある。コミュニティ・ユニオンは、当該組合員の労働条件について使用者と団交する権利があり、個別の苦情も義務的交渉事項とされる。

　ところで、職場における要求の集団化の仕組みは労働組合だけではなく、従業員の過半数代表制等もある。その権限は労基法等（たとえば36条）で定まっているが、制度の実効性や独立性を支える仕組みは十分ではない。また、過半数代表制の常設化は労働組合運動を阻害しないかの大問題もある。

　なお、労働組合法の役割や課題については、拙著『労働組合法の基礎と活用』（日本評論社、2018年）、『労働組合法の応用と課題』（日本評論社、2019年）を参照されたい。

3）相談の仕方

　相談者はせっぱ詰まって相談に来ることが多いので、的確に自分の状況を説明することは難しく、どうしても気持ちが入りすぎる傾向にある。使用者に対して一定の対処が必要な場合には相談担当者に適切な説明をすることが不可欠である。では、どのような工夫が必要か。以下のことについてあらかじめメモを作って準備しておくことが有用である。スムーズに相談ができるし、自分なりの考えもまとめやすいからだ。

　第1は、事実関係を明確にすることである。事実経過を時系列的にメモしておくことでもよい。事実関係といっても多様な見方があり、どうしても自分に有利にものを見ることはやむをえない。しかし、結局相手がいることなので可能なかぎり自分にとって不利なことをも含め客観的に話すことが重要である。具体的には、事実がどうであったかの問題とそれについてどう感じたかをはっきりと区別すること、相手がどのように主張しているかも説明することである。相手の立場を適切に説明することは、相談者の見解の客観性を推認させることにもつながる。ともかく、事実関係がはっきりしないかぎり何が法的な論点なのかが明確にならないからである。

　事実関係の明確化のためには、関連する資料を提出することが効果的といえる。たとえば、就業規則、労働契約書、離職票などであり、これらの基本的な資料については日常生活においても手に入った段階であらかじめ保管しておくべある。就業規則は使用者に周知義務がある（労基法106条）のであらかじめもらっておくことを推奨する。もっともそんなに用意周到な人は少ないので、紛争が生じてからでも資料は必ず残しておくことが肝要である。何もなければ、手帳や日記でも用意しておく。労働時間の算定やセクハラの有無について利用されることがあるからだ。

　第2は、トラブルをどう解決したいかをはっきりさせることである。解決の仕方がわからなければ、どのような解決パターンがありうるかを聞くことも必要だ。たんに自分の話を聞いてほしいとか関連するルール

を知りたいという相談も少なくないが、通常はなんらかの対処・解決が求められる。その場合に自分の本音や決断を適切に伝えることが重要である。とはいえ、相手がいることなのでそのとおり請求が通るとは限らないが。また、相談担当者は、味方ではなくあくまでアドバイザーにすぎないので、期待のしすぎは禁物である。

4）企業外での解決機関に頼る

　企業外の紛争処理機関としては、裁判所以外に労働審判、労働局の個別的労働関係紛争斡旋機関、労働委員会等があげられる。紛争の内容に応じてそれらを利用する必要がある。

　法的に白黒をつけたい場合には、裁判所があり、権利・義務に関する紛争だけが対象になる。もっとも権威のある機関といえる。一方、労働審判は、裁判所より簡易にかつ迅速に法的な紛争を解決するために設置された。とりわけ原則3回の話し合い等で解決する建前なので迅速といえる。しかし、複雑な事案や筋を通した解決を望むケースについてはあまり適切ではない。裁判や労働審判については、自分だけで利用することは事実上困難である。しっかり勉強すれば不可能とはいえないが、相手側に弁護士がいる場合が多いので、少なくとも外部からのなんらかのサポートは必要といえる。まず法律相談をしてから利用するかどうかを判断するのが適切と思われる。

　自分だけで戦いたい場合には、労働局や労働委員会の個別斡旋が便利といえる。斡旋とは、当事者の主張を聞き、自主的な解決を援助することである。裁判所ほど立証についてはうるさくはないし、また斡旋員もいろいろアドバイスしてくれる。ただ、斡旋内容はある程度相手も納得する互譲的内容になるので、どうしても不満が残る場合が一般的である。また、斡旋には強制力がないので、斡旋案を作ったとしても相手が受け入れなければ解決にならない。さらに、使用者が斡旋の場に出ないケースもあり、こうなるとお手上げだ。

5）斡旋する立場からの感想

　参考として斡旋する立場からの斡旋解決への工夫・スタンスについてもふれておきたい。斡旋を利用する立場からも知っておいて損のない事柄である。これは30年以上にわたる私の北海道労働委員会における公益委員としての斡旋経験に基づくものであり、以下のような事項に留意していた。

　第1は、会社側責任者の出席の確保である。あっせん申請を使用者がまったく無視することは論外であるが、たとえ関係者が出席したとしても会社の立場を説明でき、決定できる責任者か否かは決定的である。

　第2は、斡旋事項の明確化、限定である。労働者サイドに多様な不満があるとしても斡旋ですべてを解決できるわけではないからである。本人の処遇だけか、職場の体制をも問題にするか等どのレベルの解決なのかを明確にする必要がある。

　第3は、当事者からの信頼の確保である。斡旋過程はある種の取引なので、労使双方とも戦術的な対応をすることが多い。これでは効果的・迅速な斡旋はできないので、早い段階で当事者の本音を知る必要がある。そのためには、何よりも信頼の確保が不可欠である。労使関係や法的な知識をもつことは当然であるが、当事者の意向を丁寧に聞き、相手の立場も正確に説明すること、斡旋で処理できることとできないことの理解を求めることも重要である。

　第4は、説得の工夫である。具体的には、①斡旋は互譲であることの説明、②世間相場の提示、③斡旋案のメリット・デメリットの説明、④労使が念頭においている利害状況の違いの説明等である。

　第5は、最終段階でのツメである。斡旋「案」を文書化して説明し、当事者の納得を得ることである。斡旋内容を口頭だけで説明することは不要な誤解を生じさせることもあるからである（詳しくは、拙著『不当労働行為法理の基本問題』北海道大学図書刊行会、2002年、133頁）。

第14章

やっぱり集団法

　近時の裁判において労働関係の個別化にともなう就業規則やハラスメント関連の紛争が増加し、活発な議論がなされ法理としての精緻さが追究されている。上司・部下の権力関係・人間関係の世界を法的な世界とした点では一定の成果といえる。また、契約の意思解釈につき労働者の真意や納得を重視する判例法理もリアルな職場認識に基づいている。しかし、個々人に着目したために、紛争が生じている職場というフィールドをどうみるか、適切な解決とは何かという問題関心は希薄であった。職場全体の問題として把握するアプローチが弱く、結局は個々人の権利義務の問題とされる傾向があった。生身の人間が働く職場はどうあるべきか、同僚も含んだわれわれの問題であるという視点が欠如するようになった。

　ここでも労働組合の影は薄い。しかし、リアルに考えると労働時間にせよハラスメントにせよ、紛争化の原因には職場における労務管理の在り方が関連している場合が多い。現象としては個別紛争とみられるが、その背景には職場全体の問題が伏在しており、集団的性質をも有している。とりわけ、紛争の発見、解決についてそういえる。ただそれが見えにくく、もしくは見なくなっているだけである。

　この集団性を可視化する主体は労働組合にほかならずその新たな役割が期待されている。そこで本章では組合活動を保護する労組法の特徴と課題について検討したい。退潮する組合活動の課題を検討するためには、運動の在り方だけでなく労組法のシステム自体の「欠陥」にも目配りをする必要があるからである。将来展望として従業員代表制に安易に飛びつくよりも現行法の問題点を冷静に見据えることが今一度大切である。

本章は、本書全体の総括的位置づけもあるので、まず労働紛争の個別化の背後にある集団（法）的側面を追求した。それをふまえて労組法の課題を集団的労使紛争処理システムのあり方と関連づけて論じる。労組法の基礎知識がなければ理解が難しいが、どのような問題に直面しているかを検討した。労使の立場を越えた議論のためには共通の認識・問題関心が必要であるからにほかならない。また、実務的な観点から2018年成立の働き方改革関連法が集団法にどのようなインパクトを与えるかをも論じた。まさに緊急の課題といえる。

　なお、組合法についてはすでに多くの著作を発表しているのでそれらも参考にしてほしい。組合法のアウトラインをとりあえず知りたい場合には、『労働組合活用のルール　第2版』（旬報社、2006年）を、最新の現状と課題については、『労働組合法の基礎と活用』（日本評論社、2018年）、『労働組合法の応用と課題』（日本評論社、2019年）を、原理的議論に興味があれば、『労働組合の変貌と労使関係法』（信山社、2010年）を参考にされたい。

1　個別紛争処理の集団（法）的視点

　個別的労働法に関しては労基法から出発し、その後労働契約法を含め多様な立法がなされている。その間に紛争の増加にともない労働相談・個別斡旋・労働審判制度が整備され、同時に多くの裁判例が示されている。これらによる紛争の個別法的処理については社会的観点からの一定のコントロールの必要性や契約解釈が以下のように指摘されている。これは、集団法的視点の必要性をも示すものといえる。労働組合の新たな役割につらなる視点である。

　その1は、労働契約論における合意の認定に関する。判例法理は、形式的な合意内容よりも合意の真意性を重視する立場へとシフトしつつある。その典型例は山梨県民信用組合事件・最二小判（平成28.2.19判例時報2313号119頁）であり、退職金減額に関する合意につき、「労働者が使用者に使用されてその指揮命令に服すべき立場に置かれており、自

らの意思決定の基礎となる情報を収集する能力にも限界があることに照らせば、当該行為をもって直ちに労働者の同意があったものとみるのは相当でなく、当該変更に対する労働者の同意の有無についての判断は慎重にされるべきである。そうすると、就業規則に定められた賃金や退職金に関する労働条件の変更に対する労働者の同意の有無については、当該変更を受け入れる旨の労働者の行為の有無だけでなく、当該変更により労働者にもたらされる不利益の内容及び程度、労働者により当該行為がされるに至った経緯及びその態様、当該行為に先立つ労働者への情報提供又は説明の内容等に照らして、当該行為が労働者の自由な意思に基づいてされたものと認めるに足りる合理的な理由が客観的に存在するか否かという観点からも、判断されるべきものと解する」と判示している。

　本件について、真意性の判断基準や仕方、さらに真意性は合意の成立の有無の問題か、合意の効果の問題かが争点となっている。ここで留意すべきは、真意性を問題にすることは結局当事者の生の「意思」だけではなく意思形成・内容について規範的立場から（再）解釈することではないかということである。交渉力の弱い労働者像を前提にあるべき合意形成のあり方を追求するアプローチにほかならない。合意形成につき一定の社会的モデルを前提にすることは、社会的に想定される意思に着目することである。

　ところで、交渉力の弱い労働者を措定することは、実態には合致するが、自己決定や自己責任の要請に反することにもなる。皮肉な表現をすれば、法の知識がないほど、また説明を理解しないほど、つまり自立していないほうが事後的な契約解釈上有利になる側面があるからである。自立の観点からは判例法理に期待することには問題が多く、むしろ自立のための手立て、たとえば交渉力強化のために集団化の必要性を示すものといえる。

　その2は、就業規則に関する。労基法は、次のような形で制度的・集団的な規制をなしている。①常時10名以上を雇用する使用者に対し作成を義務づけ、記載事項についても規定し（89条）、②作成・変更につき過半数代表者（組合）からの意見聴取を義務づけ（90条）、③労働基

準監督署への届け出と職場における周知を図っている（89条、106条）。

他方、法的な効果としては、労契法において契約内容補充効（7条）、不利益変更効（10条）、最低基準効（12条）が定められている。最低基準効は労働条件の下支えとしての説明は可能であるが、不利益変更効は労務管理上のニーズはともかく契約法的な説明はまったく困難である。契約内容補充効についても、就業規則を使用者が一方的に定めていることから何らかの合意の契機がなければ契約法的な説明は難しいと思われる。労契法はそれらを立法的に「解決した」といえるがいずれも、過半数代表からの意見聴取の義務づけ、周知と合理性という歯止めを要件としており、個別契約的世界を越えたある種の集団法的規制といえる。

もっとも、就業規則法理の集団性があるとはいえ、それを実現するシステムはきわめて不十分である。つまり、過半数代表の関与の規定はあるが、その選出や権限について職場労働者全体の意向を反映させる機構は整備されず、実際も形骸化している。関与のパターンも多様であり、それが就業規則の不利益変更の合理性とどう連動するかも必ずしもはっきりしない。また、合理性については不利益変更せざるをえない制度レベルと個別従業員への適用レベルの2段階で判断することになり、民事裁判においては最終的には個別原告ごとの判断にならざるをえず、集団性に見合った紛争処理システムとしては整備されていない。

その3は、個別紛争の型と処理方法に関する。最近増加している個別紛争は、職場における身近な紛争、それも人間関係紛争という側面がある。人間関係とはいえ、人格権の立場から使用者が「職場における自由な人間関係を形成する自由を不当に侵害」してはならないという一定の制約がある（関西電力事件・最三小判平成7.9.5労働判例680号28頁）。具体的には、多様なハラスメント事件、とりわけパワハラ事件の増加が顕著であり、加害者に対する損害賠償事案と加害者に対する解雇・処分事案がある。

このパワハラ事案については、ハラスメントの有無・程度の判断につき主観的側面が大きいのでどうしても明確なルール形成は困難である。個別の発言や行為以外に上司との人間関係、部下の勤務態度、職場実態

等からケースごとの判断にならざるをえないからである。同時に、紛争処理の観点からは法的な判断が示されることによって適切な解決ができるかは疑問である。法的に精緻な議論をすればするほど紛争実態から離れている傾向さえあり、個別法的な処理の限界といえる。むしろ、この種のハラスメント事案については、紛争の早期解決、違法性の判断基準、その後の処理について職場実態をふまえた集団法的視点が不可欠と思われる。このような集団法的視点は、紛争の背景に就業規則規定の解釈・適用が争われる賃金や労働時間をめぐる紛争についても必要と思われる。特定個人だけの問題であることが少ないからである。

　ところで、紛争解決の仕方についても集団法的観点から見逃せない課題がある。労働局の個別斡旋や労働審判は集団紛争をその対象とせずかつ非公開の手続が採用されている（労働審判法16条、個別労働関係紛争解決促進法施行規則14条）。さらに、和解内容についても公開されないばかりか当事者間で非公開・秘密条項を定めている例も少なくない。慣行化しているともいわれる。この秘密条項については、会社不祥事、ハラスメント事案のように当事者が紛争内容を他人に知られたくない事案については相当といえる。また、この規定を入れることが組合サイドにとって交渉材料になるのはやむをえない側面がある。しかし、割増賃金請求のように労基法等の強行法規に反することが争点となった事案や就業規則の解釈のように職場全体に関連する事案について同様に考えることができるであろうか。

　たしかに、当該条項は理論的には法的な効果のない道義条項と解されている。しかし、紛争の存在や和解内容の開示を抑制するという実際の効果は否定できないので、解決内容を他の従業員が知ることができず、どのような先例があるかについての集団的な共通の認識が労働者間および労使間で形成されにくくなる。公正処遇や権利実現の観点からは先例に基づく職場ルールを明確にする必要性も否定できず、以上の慣行の見直しが急務と思われる。

2 集団的労使紛争処理システムのあり方からみた労組法の課題

　労使自治に基づく円滑な交渉の実現という観点からは、労使紛争は基本的に自主的に解決するのが筋である。しかし、解決が適切にできない場合に、独自の紛争処理システムが必要となる。そこで、円滑な交渉関係の実現という観点から次の3つの紛争パターンを想定して現行システムの問題点を指摘したい。組合法の見直しの視点にほかならない。

1) 組合の結成・運営

　まず、交渉関係形成の基盤となる労働者サイドの組織の結成・運営をめぐる紛争である。ここでは、労働組合を結成し、運営することを支えるルールの実現を目的とした紛争処理システムが考えられる。現行法上は、団結権保障システムとして労働委員会と裁判所がある。不当労働行為制度は基本的にこの過程を問題にしている。では、このレベルの紛争処理システムにつきどのような基本問題があるか。

　その1は、組合内部問題の紛争について独自に処理する機関がないことである。不当労働行為制度もこのような紛争を想定しておらず、労働審判（労働審判法1条）、労働局（個別労働関係解決促進法1条）や各県労委の個別あっせん制度もその対象とはしていない。裁判所だけが「法律上の争訟」（裁判所法3条）として裁判権を行使してはいるが、必ずしも適切な判定機関と評価されてはいない。

　そこで、組合内部対立が激化すると、内部調整よりも組合分裂・併存化という形で事実上の「解決」が図られることが多い。理論的には、皮肉なことに団結権等を基本的人権ととらえる憲法28条がこのような傾向を助長したといえる。その点では、社会権というより自由権（結社権）的発想といえようか。実際にも、組合内部における緊張状態を解決するために、異なった意見を調整しながら要求を集約することはどうしても下手である。これが組合に対する無関心を生む主要な原因と思われる。

他方、併存組合状態における法的ルールについては、使用者の中立保持義務が判例法（日産自動車事件・最三小判昭和61.4.23労働判例450号23頁）として確立している。しかし、併存組合相互間の紛争をそれ自体として処理するという発想は驚くほど希薄である。実際には、組合内部、相互間をめぐる紛争の多くは、それに使用者が関与することによって（使用者からすれば関与せざるをえない）不当労働行為事件として発生し、労働委員会によって処理されている。組合併存状態は、個々の労働者の組合選択の自由という自己決定の側面では好ましいが、労働者集団の交渉力が分散化し、実効性のある労働条件決定ができないという側面においては決定的に問題がある。また、組合内部紛争も、組合民主主義上やむをえない側面があるとはいえ、組合の運営を阻害するおそれがあるので、適切な独自の処理システムが必要と思われる。

　その２は、組合の諸活動に見合ったルールが不明確なことである。労組法７条の１号から４号までの規定は、その時々の立法的課題として具体化されたものである。とはいえ、その立法過程を具体的にフォローしても７条の全体構造ははっきりしない。まず、組合の諸活動に対応したルールの明確化が不可避であり、一定の立法的整備が必要とされよう。これは、憲法28条の構造解明の作業にほかならない。とりわけ、外部組合やコミュニティ・ユニオンの「組織化」を想定した団結権論の構築が課題である。既存の議論はもっぱら企業別組合を想定していた。

　その３は、労委による行政救済と裁判所による司法救済との混在の問題である。私は、行政救済の独自性を確立するために両者を明確に区分すべきものと考えている。とはいえ、行政救済の強制方法につき決定的なデメリットがあることも否定できない。救済命令実現につき実効性に欠け、申立人に対する直接の救済とならないからである。そこで、申立人としては、和解による自主解決か、それが難しい場合には司法救済に頼らざるをえない。その点、和解の制度化、和解内容の強制力付与（労組法27条の14）は評価しうる。しかし、より本格的に、過料額の真の意味での高額化、命令の強制方法に対する新たな工夫や司法救済法理との連動に関する規定が必要かもしれない。また、労働委員会の救済命令

の型として「損害賠償的」命令を正面から認めることも考えられる。

さらに、後述のように組合のプレゼンスに関するルールが不明確なことも問題といえる。

2）交渉過程

労使自治を貫徹するという観点からは、交渉過程に国家が関与をしないのが原則といえる。しかし、労組法は労働組合に団交権を保障し、使用者に誠実交渉義務を課すことによって次の2つのレベルにおいて紛争を想定し、それに見合った処理システムを整備している。以下では、紛争処理システムのあり方に焦点を当てて考察する。

第1は、交渉の仕方をめぐる紛争であり、交渉主体、交渉担当者、交渉事項、交渉ルール等が争点となる。救済方法としては、労働委員会については、応諾命令が、裁判所については、団交に応ずべき地位確認（国鉄事件・最三小判平成3.4.23労働判例589号6頁）や損害賠償の請求（スカイマーク事件・東京地判平成19.3.16判例時報1963号147頁等）が認められている。団交権をめぐる権利紛争と評価できよう。

第2は、賃金引き上げ等の交渉内容をめぐる紛争、つまり利益紛争である。この場合は、労調法上のあっせん、調停、仲裁の調整システムが利用される。不誠実交渉事件として、権利紛争として提起される場合もあり、労働条件の「不利益」変更の事案は容易に権利紛争化し、裁判所も関与することとなる（就業規則の不利益変更事案等）。

では、基本的問題点は何か。その1は、職場全体の労働条件を決定する側面が希薄なことである。団交過程が、アメリカ法上の排他的交渉代表制のように制度化されていないので、組合は当該組合員だけを代表して団交をし、組合併存状態のケースでは各組合は独自に団交権を行使することになる。職場全体の労働条件を適切、円滑に決定するという視点はあまりない。そこに就業規則の役割が重視される理由があった。

その2は、組合のプレゼンスに関するルールが不明確なことである。組合の正統性を対外的に明確にするルール・制度は整備されていない。組合内部的にも、対使用者との関係でも、対社会的にもそういえる。組

合に対する社会的評価が高まらない理由である。具体的な紛争との関連では、団交要求の段階になると、労働組合としての正統性、雇用関係の有無、団交事項や団交ルール等が問題になる。

とりわけ、組合結成直後の団交要求で多くの紛争が生じている。労働組合としての正統性については、それを構成するメンバーがはたして「労働者」（労組法3条）といえるかが前提問題になる。組合組織（組合役員・組合員資格・組合員数・組合規約等）の開示との関連では、とりわけ組合員の中に雇用されている労働者がいるかが問題になる（7条で「使用者」、同条2号で「雇用する労働者の代表者」と規定している）。この点は、組合員名簿の不提出を理由とする団交拒否事案としても現れている。

では、どう考えるべきか。組合結成とともに団交開始についての明確なルールがないためにこのような紛争が起こりやすくなっている。団交が協約締結を目的としている場合は当然としてそれ以外の場合でも、団交を円滑に進めるためには原則として組合役員・組合員資格・組合員数・組合規約等の情報は使用者に開示すべきものと思われる。使用者サイドと同様に組合サイドの相手方に対する不信感も意味のある団交を阻害しているからである。もっとも、不利益取扱い等のおそれが現実化している場合や正統性への疑義がもっぱら団交回避のための場合は別である（ゼンショー事件・東京高判平成24.7.31LEX/DSB25482313）。

その3は、組合内部問題と団交過程の連動についてのルールがないことである。協約による労働条件の不利益変更事案では、組合内部問題としてではなく協約の適用問題として使用者と個別組合員との間の紛争として現象する。判例法上はもっぱら協約の規範的効力の前提としての公正代表義務として論じられているものである。このような問題関心から組合民主主義の在り方を見直すことはなされていない。

その4は、交渉ルールと交渉内容が複合的に争われる紛争が少なくないことである。誠実団交義務をめぐる紛争の多くはそうであり、また、交渉拒否事件であっても実質的には交渉内容自体が問題になる紛争は少なくない。労働委員会による柔軟な事案処理が要請されるゆえんである。今後は、判定と調整の両機能を明確に区別することなく、交渉過程全般

を対象とする独自の紛争処理システムも検討に値する。同時に、団交の仕方に関する労使双方に対する労働委員会の教育的・支援的機能も重要といえる。この点からいえば、団交拒否事件に対する現行の審査システムの見直し（たとえば、団交促進・支援システムの前置）は不可避である。

その5は、団交以外の苦情処理、労使協議、個別相談に関する処理システムを整備することである。現行法は、それが法的な紛争として生じているかぎり労使間の「団交」紛争として処理する傾向にある。しかし、これらの協議等は集団的に労働条件「基準」を設定する団交とはその目的も機能も大きく異なる。そこで、これらの協議や苦情処理に対応する法理や処理システムを独自に構築する必要がある。とりわけ、立法によって組合との協議が義務づけられるケースが増加する傾向（労働契約承継法施行規則4条）もあり、実際にも紛争が生じている（たとえば、日本IBM事件・最二小判平成22.7.12労働判例1010号5頁）。また、個別の労働条件決定に対するサポート（年俸額の決定）等の処理システムやそれを支える法理も必要とされよう。さらに、従業員代表制度の立法による常設化という大問題もある。

その6は、就業規則変更紛争との関連である。労働組合がある場合にも、労働条件の不利益変更を就業規則によって行なうことはかなり一般的であり、就業規則に関する「交渉」につき次のような紛争が生じている。①就業規則の変更は労働条件の変更にほかならないので、その点についての「団交拒否」の適否。当該組合が過半数代表の場合と少数組合の場合がある。②過半数代表たる組合についての「意見聴取」（労基法90条）の有無・あり方に関する紛争。

過半数組合につき、①と②がどう関連するのか、少数組合につき、①が義務的団交事項になるか等が理論的・実務的に主要な争点となる。

3）交渉結果

交渉が妥結すると通常は協約の締結に至り紛争状態は一応解消する。もっとも、その後協約の解釈をめぐる紛争が生じる可能性があり、労使の話し合いがつかなければ、労働委員会のあっせん制度や裁判所が利用

される。しかし、労使自治に基づく企業内部における独自の苦情処理機関は必ずしも一般的ではなく、また、アメリカ的な任意仲裁制度もほとんど設置されていない。

　他方、協約交渉自体が妥結しなければ対立（紛争）状態は継続し、労働委員会のあっせんが利用されることもある。このケースは、交渉結果というより実質的に交渉過程の問題に他ならない。

　この協約の解釈をめぐる紛争処理については、自主的な解決システム（苦情処理、仲裁）や個別的な苦情に対するサポート体制が不十分な割にはあまり問題として意識されていない。また、協約内容の実現に向けて労働組合がどのような形で訴訟を提起もしくは個別事案の裁判に関与しうるかもあまり問題とされていない。集団法に適合的な手続・法理は形成されていないわけである。

4）全般的課題

　労組法の位置づけについての主要な論点は、集団法理において個々の労働者（組合員）の自律性をどの程度重視するかである。素朴な団結必然説に対し最近の学説は個別意思や個別責任を重視する傾向が顕著である。このような方向が団結を阻害するか強化するかは案外難問である。たしかに集団化の前提としての個々人の参加意思を問題にするアプローチは、示唆に富むものである。しかし、労働組合は意見の一致ではなく職場というフィールドにおける利害の一致に由来する集団と思われるので一定の組織強制（つきあいユニオニズム）は許されるであろう。もっとも組合民主主義の要請は重視されるべきであるが。

　結局、集団化の基礎となる利害の共通性をどう可視化するかこそが課題といえる。そのためには前述のように職場における労働条件決定過程の集団的側面を可視化して組合の新たな役割を検討する必要がある。この集団化は、それによって交渉力を強化することと、それによって自己主張・利益を抑制するという2つの側面がある。これまでの組合運動はある種の強固な連帯（共通の利害関係）意識があったために両者をそれなりにうまく調整し得たと思われる。調整し得ない場合には組合分裂で

「解決」してきたが。

しかし、労働関係の急激な個別化は、集団化のこの2つの側面を失わせている。交渉力強化は個人中心となり自己抑制もうまく機能しなくなっている。個別利益の延長だけでは団結ははかれない。この集団化の2つの側面をどう調整・強化するかが組合の新たな役割である（以上につき、より詳しい私見は、拙著『労働組合法の応用と課題』日本評論社、2019年を参照されたい）。

3 働き方改革と集団的労働法

政府は2017年3月28日、働き方改革実現会議の最終会議を開き、同一労働同一賃金等の非正規雇用の処遇改善や残業時間の罰則付上限規制などを盛り込んだ「働き方改革実行計画」を決定した。同実行計画の基本的視点とみられるのは以下であり、そこではもっぱら労働生産性の向上が重視されているのが特徴といえる。

「日本の労働制度と働き方には、労働参加、子育てや介護等との両立、転職・再就職、副業・兼業など様々な課題があることに加え、労働生産性の向上を阻む諸問題がある。『正規』、『非正規』という2つの働き方の不合理な処遇の差は、正当な処遇がなされていないという気持ちを『非正規』労働者に起こさせ、頑張ろうという意欲をなくす。これに対し、正規と非正規の理由なき格差を埋めていけば、自分の能力を評価されていると納得感が生じる。納得感は労働者が働くモチベーションを誘引するインセンティブとして重要であり、それによって労働生産性が向上していく。また、長時間労働は、健康の確保だけでなく、仕事と家庭生活との両立を困難にし、少子化の原因や、女性のキャリア形成を阻む原因、男性の家庭参加を阻む原因になっている。これに対し、長時間労働を是正すれば、ワーク・ライフ・バランスが改善し、女性や高齢者も仕事に就きやすくなり、労働参加率の向上に結びつく。経営者は、どのように働いてもらうかに関心を高め、単位時間（マンアワー）当たりの労働生産性向上につながる。さらに、単線型の日本のキャリアパスでは、

ライフステージに合った仕事の仕方を選択しにくい。これに対し、転職が不利にならない柔軟な労働市場や企業慣行を確立すれば、労働者が自分に合った働き方を選択して自らキャリアを設計できるようになり、付加価値の高い産業への転職・再就職を通じて国全体の生産性の向上にもつながる。働き方改革こそが、労働生産性を改善するための最良の手段である。」

　それをうけて具体的には次の9項目につき提言がなされている。①同一労働同一賃金など非正規雇用の処遇改善、②賃金引き上げと労働生産性の向上、③時間外労働の上限規制の在り方など長時間労働の是正、④雇用吸収力の高い産業への転職・再就職支援、人材育成、格差を固定させない教育の問題、⑤テレワーク、副業・兼業などの柔軟な働き方、⑥働き方に中立的な社会保障制度・税制など女性・若者が活躍しやすい環境整備、⑦高齢者の就業促進、⑧病気の治療や子育て・介護と仕事の両立、⑨外国人材の受け入れの問題。

　2018年には働き方改革関連法により長時間労働の是正や公正な待遇の確保に関し立法化が図られ、2019年4月よりその施行が開始された。これらの構想は働き方全般を問題にしている割に職場集団や集団法に関する問題関心が希薄である。もっとも厚労省「同一労働同一賃金の実現に向けた検討会中間報告」（平成28年12月）は、「非正規社員を含む労使交渉において格差是正を実施させることも重要だろう。」と指摘している。

　全体としては、国、企業、個人に着目しており、労働者集団や労使関係は影が薄い。しかし、これらの施策の具体化のためには労働者個人だけではなくその集団やそれと企業との話し合い・協議が不可欠である。そこでここでは、主要な集団法的な課題についても考えてみたい。

　第1は、労使協議の在り方であり、とりわけ36協定の締結・運用が問題になる。36協定の記載事項が規定されたこと等から（「労働基準法第36条第1項の協定で定める労働時間の延長及び休日の労働について留意すべき事項等に関する指針」（平成30年厚労省告示323号））次のようなことが問題になる。

その1は、過半数代表者の選出方法であり、トーコロ事件・最判（最二小判平成13.6.22労働判例808号11頁）が注目される。その2は、各記載事項につき労働者の意向を適切に代表しているかである。その3は、同協定の労働者への周知（労基法106条）の在り方で使用者だけはなく組合の役割・責任も問題になる。その4は、特別条項については長時間を義務づける権能を使用者に付与するので民法上の公序や労基法の8時間労働制の原則との関連で「無効」かが争われる。この点については、イクヌーサ事件・東京高判（平成30.10.9労働判例1190号5頁）が注目され、今後は日立武蔵工場事件・最判（最一小判平成3.11.28労働判例594号7頁）の見直しも必要となろう。

　第2は、非正規労働者の組合加入やそれと関連しての組合の代表性の在り方である。いわゆる同一労働同一賃金原則との関連において、非正規労働者の組合加入「権」が問われる。企業別組合の多くは非正規労働者の組合加入を認めていはいない。しかし、均等・均衡原則を職場実態に即して実現するためには組合が正規だけではなく非正規の利益をも適切に代表する事が不可欠である。そのためには組合員資格の見直し、非正規にも組合加入を認めることが強く要請される。同時に、団交・協約との関連では、組合内において多様な労働者の利害を公正に代表することも重要である。とりわけ、使用者に非正規の処遇に関する説明義務（パート・有期雇用労働法14条2項）が課せられるので、団交レベルにおいても非正規だけではなく正規の処遇に関しても誠実交渉が要請される。さらに、派遣（派遣法30条の4）については労使交渉は緊急の要請である（國武英生「派遣労働者に対する均等・均衡処遇をめぐる法的課題」法律時報91巻2号〈2019年〉36頁）。

　第3は、ルール設定・権利実現への支援である。労働者の権利主張を支えるものとして使用者の労働時間管理義務という発想があり（たとえば、医療法人大生会事件・大阪地判平成22.7.15労働判例1014号35頁等）、新労働安全法66条の8の3で立法的な対応もなされている。この管理義務に関する具体化、ルールの設定につき組合が関与するニーズも見逃せない。さらに、会社役員等の第三者に対する損害賠償責任（会社法

429条）との関連における体制構築責任も問題になる。より広い観点から組合の役割を見直すことができるわけである。

　労働者の権利主張への支援レベルについては、権利主張の前提として、ある就労時間が労働時間か否かの認定が必要になる。労働組合は、就労実態に応じて労働者の意向を反映して意見を述べ、労働時間性の確認作業に関与することができる。判例法理上労働時間か否かは客観的に定まるとはいえ、実際にはグレーゾーンのケースが少なくないので、「交渉」の余地がまったくないわけではない。労働時間性だけではなく、対価たる賃金額決定レベルになるとますますそういえる。

　さらに、違法な残業命令や賃金不払い事案が少なくないので、それらについての労基署への申立（労基法104条）、裁判支援についても組合の役割は大きい。職場全体の問題であり、それらを通じて勤務体制の見直しが可能となるからである。

　第4は、多様な意識・利害状況を有する労働者を前提とした集団法の組織原理である。とりわけ、若者、高齢者、女性、外国人に留意する必要がある。具体的には、組合法全般の見直し、たとえば組合員資格や組合民主主義が問題となる。さらに、従業員代表制の常設化が立法的課題になる可能性もある。すでに、厚労省報告書（「様々な雇用形態にある者を含む労働者全体の意見集約のための集団的労使関係法制に関する研究会報告書（平成25年7月）」）は、次のように指摘して3つのアイデア、すなわち過半数代表者の機能の強化（複数化・常設化）、過半数労働組合の過半数代表としての機能の強化、新たな従業員代表制の整備を提示している。

　「現在の我が国の企業においては、正規・非正規労働者、高齢者・若年者、ワーク・ライフ・バランスを重視する者・そうでない者など、様々な利害を有する労働者が存在しているが、近年、とくにこれらの労働者間の労働条件の格差が問題視されている。労使協議や団体交渉を通じて安定的な雇用の確保・維持に成果を挙げてきた企業別労働組合も、こうした問題に対して十分な対応ができているとはいいがたく、また、組合組織率の低下により労働組合による集団的労働関係システムの存在

しない環境に置かれる労働者への対応が喫緊の課題となっている。

　以上のような状況から、組合員であるか否かにかかわらず、全ての従業員の利害を調整するという集団的労働条件の設定システムの構築が待望されている。今回の検討では、この大きな課題に取り組むための最初のステップとして、法定基準の解除の担い手に関する課題とその解決のための方向性を中心に検討を行った。この過程で、過半数代表者の機能の強化（複数化・常設化）、過半数労働組合の過半数代表としての機能の強化、新たな従業員代表制の整備について検討を行った」。

　これが最大の課題と思われるが、私はやや慎重な立場である。

　いったん従業員代表制が成立すると、従業員代表の仕事は会社の経済的負担でかつ「会社の仕事」となる。そうすると自分たちで組合費を拠出してまで、さらに会社ににらまれるというリスクを負ってまで労働組合を作るというインセンティブは決定的に損なわれる。労働組合とのフェアな競争の基盤自体が失われ新規の組合結成だけでなく既存の組合運営も大きく阻害されると思われるからである。

著者紹介

道幸哲也（どうこう・てつなり）

北海道大学名誉教授。一般社団法人日本ワークルール検定協会会長、NPO法人職場の権利教育ネットワーク代表、北海道労働委員会元会長、日本労働法学会元代表理事。主な著作に、『労使関係法における誠実と公正』、『15歳のワークルール』（旬報社）、『不当労働行為救済の法理論』（有斐閣）、『不当労働行為法理の基本構造』（北海道大学図書刊行会）、『労働委員会の役割と不当労働行為法理』、『労働組合法の応用と課題』、『労働組合法の基礎と活用』（日本評論社）など多数。

ワークルールの論点
職場・仕事・私をめぐって

2019年6月25日　初版第1刷発行

著　者	道幸哲也	
装　丁	坂野公一（welle design）	
発行者	木内洋育	
発行所	株式会社　旬報社	
	〒162-0041　東京都新宿区早稲田鶴巻町544	
	TEL 03-5579-8973　FAX 03-5579-8975	
	ホームページ http://www.junposha.com/	
印刷製本	中央精版印刷株式会社	

©Tetsunari Doko 2019, Printed in Japan
ISBN978-4-8451-1600-3